Anselm Grün

Ich war fremd
und ihr habt mich
aufgenommen

ANSELM GRÜN

Ich war Fremd und ihr habt mich aufgenommen

**Vom Umgang
mit der Angst
vor dem Anderen**

Vier-Türme-Verlag

Bibliografische Information der Deutschen Nationalbibliothek

Die Deutsche Nationalbibliothek verzeichnet diese Publikation in der Deutschen Nationalbibliografie. Detaillierte bibliografische Daten sind im Internet über http://dnb.d-nb.de abrufbar.

1. Auflage 2017
© Vier-Türme GmbH, Verlag, Münsterschwarzach 2017
Alle Rechte vorbehalten

Lektorat: Marlene Fritsch
Umschlaggestaltung: Thomas Uhlig, www.coverdesign.net
Druck und Bindung: CPI Books GmbH, Leck
ISBN 978-3-7365-0070-9

www.vier-tuerme-verlag.de

Vorwort
Fremd sein 7

Die heutige Herausforderung 11

Die Erfahrung des Fremdseins 23

In der Antike 25

Die frühe Kirche und die Fremden 31

Die Erfahrung des Fremdseins heute 44

Psychologische Einsichten:
Die Begegnung mit dem Fremden 49

Das Fremde als Spiegel 51

Der Fremde in uns (Arno Gruen) 51

Der Fremde als Schatten (C. G. Jung) 56

Erschrecken und Neugier 69

Integration – Die Heilung der Fremdenangst 74

Sehnsucht nach Liebe (Arno Gruen) 74

Die Annahme des Schattens (C. G. Jung) 79

Meditation: Das Kreuz und das Fremde 89

Gastfreundschaft 95

In der Antike 97

Im Christentum 102

Meditation zum Kapitel 53 der Regel Benedikts:
Von der Aufnahme der Gäste 109

Herausforderungen für heute 113

Entwicklung einer Fremdenethik 115

Bildung und Sprache 121

Dialog der Religionen 128

Sich der eigenen Identität bewusst werden 131

Reflektiertes Helfen 137

Heimat stiften 140

Erfahrungen mit Flüchtlingen
in der Abtei Münsterschwarzach 144

Nachwort
Altes Thema, neue Herausforderungen 149

Literatur 153

Fremd sein

Im Jahr 2000 veröffentlichte der jüdische Psychoanalytiker Arno Gruen ein preisgekröntes Buch: »Der Fremde in uns«. Heute ist dieses Thema aktueller denn je. Die vielen Flüchtlinge, die in unser Land kommen, machen vielen Menschen Angst. Sie haben Angst, überfremdet zu werden. Arno Gruen hat aus seiner therapeutischen Praxis heraus erkannt, dass die Angst vor dem Fremden immer die Angst vor dem Fremden in uns selbst ist. Der Fremde ist ein Spiegel, in dem wir das, was uns selbst fremd in uns ist, was wir bei uns selbst nicht wahrhaben wollen, vor Augen hält. Wir können die Fremdenangst daher nicht mit moralischen Appellen überwinden, sondern nur, wenn wir uns dem Fremden in uns selbst stellen.

In diesem Buch möchte ich daher das Thema des Fremdseins einmal von der Geschichte, dann aber auch von der Psychologie und vom Glauben her betrachten. Es geht mir nicht darum, die Menschen, die Fremdenhass zeigen, zu verurteilen. Es geht mir vielmehr um Hilfen, wie wir die Angst vor dem Fremden und den Fremden ehrlich anschauen und dann damit angemessen umgehen können. Nur die Wahrheit wird uns frei machen. Das gilt auch in Bezug auf das Thema Fremdsein.

Dieses Thema und die Reaktion auf den Fremden und das Fremde ist in allen Kulturen und Religionen behandelt worden. Wie ein Volk auf Fremde reagiert, das war in der Antike ein Zeichen für seine Kultur oder Kulturlosigkeit. Die Germanen wurden beispielsweise gerühmt wegen ihrer Gastfreundschaft Fremden gegenüber. Die Athener nahmen für sich in Anspruch, besonders offen zu sein gegenüber den Fremden, die in ihre Stadt kamen. Die Spartaner dagegen verschlossen sich allen Fremden. Sie nahmen niemanden in ihre Stadt auf. Sie nahmen aber auch bei anderen Gastfreundschaft nicht in Anspruch. Das führte auf Dauer dazu, dass die Stadt isoliert war. Und obwohl die Spartaner als gute Soldaten und disziplinierte Menschen galten, hat diese Selbstisolierung ihnen geschadet. Sie besiegten zwar im Peloponnesischen Krieg die Athener. Aber der Krieg erschöpfte beide und zerbrach am Ende die griechische Kultur.

Wenn wir heute über unseren Umgang mit den vielen Fremden, die als Flüchtlinge zu uns kommen, nachdenken, dann ist es gut, in die Geschichte zu schauen. Die Erfahrungen früherer Menschen wollen uns einladen, über unsere Erfahrung des Fremden und über unsere Reaktion auf die Fremden nachzudenken.

Das, was die Menschen in der Antike erlebt haben, erlaubt es uns, die unterschiedlichen Reaktionen, denen wir heute begegnen, in einem weiteren Licht zu sehen. Und die lange Tradition der Gastfreundschaft fordert uns heraus, heute über dieses Kennzeichen wahrer Kultur und für uns Christen auch echten Glaubens nachzudenken. Allerdings ist die heutige Flüchtlingsbewegung etwas anderes als die Gastfreundschaft der Germanen oder die Reaktion der Athener gegenüber den Fremden, denn es waren nur Einzelne, die damals zu Gast waren. Heute aber sind es Millionen, die als Flüchtlinge zu uns kommen. Da liegt eher der Vergleich mit der Zeit der Völkerwanderung nahe. Ende des vierten Jahrhundert zogen damals die Vandalen und Goten von Norden nach Süden, stellten die dortigen Machtverhältnisse auf den Kopf, trugen aber dann nach Jahren der Instabilität zur Bildung eines neuen Reiches und einer neuen Kultur des Mittelalters bei. Wir Europäer sind das Ergebnis dieser Migrationsbewegungen, die bis ins sechste Jahrhundert dauerten. Nach Jahren, in denen Chaos herrschte, ist daraus ein neues Reich erwachsen, das das Mittelalter in positiver Weise geprägt hat.

Die heutige
Herausforderung

Durch den Bürgerkrieg in Syrien und die vielen kriegerischen Aus-
einandersetzungen in Irak und Afghanistan sind heute unzählige
Menschen auf der Flucht. Weil sie ein Land suchen, in dem sie sicher sein können, kommen sie nach Europa. Doch hier versperren
ihnen viele Länder den Zugang. Daher sind viele Flüchtlinge dem
Willkommensgruß der Bundeskanzlerin gefolgt, die den inzwi-
schen wohl historischen Satz sagte: »Wir schaffen das!« Doch der
Flüchtlingsstrom wurde immer größer und damit wuchsen auch
die Ängste der Menschen. Das liegt auch daran, dass zu den Flüchtlingen aus Kleinasien viele aus Afrika hinzukommen. Die meisten
jungen Menschen finden dort keine Arbeit. Sie haben die Hoffnung
verloren, in ihrer Heimat eine Existenz aufbauen zu können. Die
Korruption und Unzuverlässigkeit sowohl in der Regierung wie in
der Wirtschaft haben ihnen alle Hoffnung auf eine gute Zukunft
geraubt. So strömen sie in Scharen nach Norden. Selbst wenn sie
von Schleuserbanden finanziell ausgenommen werden und wissen,
dass sie in Schlauchbooten über das Meer kommen, was ihre Über-
lebenschancen sehr verringert, drängen sie doch aus der aussichts-
losen Situation in ihrer Heimat nach Europa, weil sie hoffen, dort
besser leben zu können.

Zunächst überraschten die Deutschen die Welt mit einer ausge-
prägten Willkommenskultur: Als die ersten Züge mit Flüchtlingen
aus Ungarn am Münchner Hauptbahnhof ankamen, wurden sie mit

Beifall und herzlichen Umarmungen begrüßt. Das tat den Ankommenden gut und sie fühlten sich tatsächlich in Deutschland willkommen. Doch damit ist es leider nicht getan. Denn man braucht genügend Unterkünfte für alle diese Menschen, die zudem registriert werden müssen. Das führte an vielen Orten zu Problemen. Dennoch war es erstaunlich, wie viele Menschen sich in Deutschland ehrenamtlich und freiwillig engagierten, um den Ankommenden eine Art von Zuhause zu schaffen. Auch die Christen der beiden großen Kirchen in Deutschland haben sich ehrenamtlich für die Flüchtlinge eingesetzt, in ihren Gemeinden Unterkünfte besorgt und die Betreuung übernommen. Sie begleiten die Flüchtlinge ehrenamtlich bei Behördengängen oder geben Deutschunterricht.

Viele Menschen machen gute Erfahrungen im Umgang mit den Flüchtlingen. Es entstehen sogar Freundschaften. Man ist neugierig auf die Kultur der anderen. Und viele Flüchtlinge sind neugierig auf die christliche Kultur, die sie so herzlich aufnimmt.

Doch neben der Willkommenskultur wächst andererseits auch die Angst vor den Fremden in unserer Gesellschaft. Vor allem rechte Gruppierungen sind es, die auf die Straße gehen und gegen die Flüchtlingspolitik der Regierung protestieren. Sie wollen das »christliche Abendland« retten. Tomas Halik, der bekannte tschechische Religionsphilosoph und Soziologe, meinte in einer Diskussion, dass es paradox sei, wenn Politiker aus der rechten Szene, die nicht einmal das Vaterunser beten können, zu Rettern des christlichen Abendlandes werden wollen. Man fragt sich, was sie unter dem Begriff vom christlichen Abendland verstehen, wenn sie selbst ihr Christsein mehr oder weniger verloren haben, was sich darin zeigt, dass mit ihrer Billigung und manchmal auch angestachelt durch ihre Reden Flüchtlingsunterkünfte angezündet werden und Menschen Angst haben müssen vor dem Hass, der ihnen häufig entgegenschlägt. Gerade das Internet ist ein Ort, an dem von rechter Seite Hass auf Flüchtlinge geschürt und Vorurteile in verurteilender, oft hasserfüllter, verallgemeinernder, verletzender, demagogischer Sprache verbreitet werden.

Neben diesen hasserfüllten Reaktionen seitens der rechten Szene, die sich immer lautstarker zu Wort meldet, gibt es jedoch berechtigte Ängste und Irritationen bei Menschen, die die Flüchtlinge zunächst durchaus offen aufgenommen haben. Die Vorkommnisse am Kölner Dom in der Silvesternacht, in der vor allem Männer aus Nordafrika Frauen sexuell belästigt haben, sind ein Auslöser dafür gewesen. Eine junge Frau, die sich in der Flüchtlingsarbeit eingesetzt hat und in ihrer katholischen Gemeinde sehr engagiert war, wurde von einem jungen Afghanen ermordet. Er war als Flüchtling nach Deutschland gekommen. Erst später wurde bekannt, dass er schon in Griechenland eine junge Frau schwer verletzt hatte. Solche Meldungen verstärken die Angst vor den Fremden.

Der Terrorakt auf dem Berliner Weihnachtsmarkt hat die Bevölkerung auf neue Weise verunsichert. So »unschuldige« Orte wie Weihnachtsmärkte können also zum Ort der Verwüstung werden. Man fühlt sich nirgends mehr sicher. Der IS kündigte an, dass er vor allem christliche Symbole bekämpfen will. Die Ermordung von Christen in Gottesdiensten, wie sie aus Ägypten, Nigeria und Irak berichtet werden, verstärken diese Ängste. Dürfen wir unseren christlichen Glauben nicht mehr leben? Werden wir wirklich vom Islam bedroht? Solche Fragen tauchen auf. Und es ist wichtig, darauf nüchtern zu antworten. Jeder Psychologe würde sagen: Wir müssen die psychischen Ursachen solchen Terrors erkunden und darauf reagieren. Doch zugleich braucht es einen Schutz gegen

Terroristen, mit denen ein Dialog unmöglich ist, weil sie ideologisch verblendet sind.

In unmittelbarer Umgebung unseres Klosters gab es einen minderjährigen Flüchtling, der in einer Pflegefamilie freundlich aufgenommen wurde. Doch durch die IS-Propaganda radikalisiert schlug er im Zug mit einer Axt und einem Messer auf eine asiatische Familie ein und verletzte sie schwer. Das hat all jene im Landkreis verunsichert, die bereit waren, minderjährigen Flüchtlingen ein Heim zu bieten. Solche Meldungen verstärken die Ängste, die sich in den Menschen zu Wort melden, die durchaus offen sind für Fremde. Hinzu kommt, dass diese berechtigten Ängste von rechten Kreisen aufgegriffen, im Internet verstärkt und als Propaganda gegen Flüchtlinge und Fremde missbraucht werden.

Leider gibt es auch für die Irritationen und Ängste bei engagierten Menschen zahllose Beispiele: Eine Ärztin erzählte mir, dass sie irritiert ist, wenn sie im Krankenhaus Männer aus arabischen Staaten behandelt. Sie weigern sich oft, einer Frau die Hand zu geben oder sich von ihr behandeln zu lassen. Ähnlich ergeht es Polizistinnen, die von ausländischen Männern angepöbelt und beschimpft werden. Sie wollen sich von Polizistinnen nicht helfen und erst recht nicht zurechtweisen lassen. Solche Vorkommnisse verunsichern vor allem Frauen. Und es führt dazu, dass sie sich nicht mehr trauen, alleine zu joggen oder durch einen Park zu gehen. Die Ängste dieser Frauen sind Realität. Man darf sie nicht verharmlosen.

Es ist also nicht so leicht, die Irritationen durch Fremde und die berechtigten Ängste der Menschen ernst zu nehmen, jedoch nicht in Hasspropaganda zu verfallen, Ängste aufzubauschen oder zu schüren.

Wichtig ist, die Vorkommnisse nüchtern anzuschauen. Dann kann man überlegen, wie man darauf reagiert. Es gibt äußere Maßnahmen, durch die man die Ängste abbauen kann. Aber es gibt immer auch innere Wege, um mit der Angst zurechtzukommen. Beide Wege müssen beschritten werden. Man darf ängstlichen Menschen nicht vermitteln, dass ihre Angst selbstgemacht und ihr eigenes Problem sei. Es sind reale Ängste, auf die man auch realistisch reagieren muss. Aber eine realistische Reaktion betrifft immer beides: die politischen Maßnahmen und die psychologischen Wege, wie wir mit der neuen Situation auf neue Weise umgehen können.

Im Umgang mit den Ängsten vor den Fremden hilft eine Regel, die die frühen Mönche schon im vierten Jahrhundert aufgestellt haben. Sie sagten: Wir sind nicht verantwortlich für die Gefühle, die in uns auftauchen, sondern nur dafür, wie wir damit umgehen. Auf die Ängste bezogen heißt das: Wir sind nicht verantwortlich für die Ängste, die in uns auftauchen. Es gibt sie einfach. Aber wir sind dafür verantwortlich, wie wir damit umgehen. Wir dürfen die Ängste nicht in Hass münden lassen. Wir sollen sie anschauen und überlegen, was sie uns über uns selbst und was sie über die Fremden aussagen. Dann können wir realistische Wege beschreiten, wie wir die Ängste entweder psychologisch auflösen können, indem wir durch sie tiefer in unsere Seele hineinschauen, oder indem wir die Ängste durch unser Tun schwächer werden lassen. Ein solches Tun könnten Gespräche mit den Fremden sein. Dadurch können Ängste abgebaut werden. Manchmal sind jedoch auch politische Maßnahmen notwendig, um die Ängste der Menschen zumindest einzudämmen. Aber es gibt keine politische Maßnahme, die alle Ängste auflösen könnte. Es bleibt immer auch der persönliche Umgang mit der eigenen Angst, den jeder für sich leisten muss.

Die Situation in unserem Land ist nicht nur geprägt von der Angst vor Flüchtlingen, sondern genauso stark von der Angst vor dem Erstarken rechter Gesinnung. Häufig stehen hier die Worte vor den Taten – und lenken und beeinflussen Menschen, ohne dass sie es immer sofort merken. Wenn Sprache jede Kultur verliert und nur noch zur Weitergabe von Hass und von Gewalt dient, ist das durchaus gefährlich für die Gesellschaft. Mit dem Verfall der Sprache beginnt der Verfall der Kultur. Und mit der hasserfüllten und gewalttätigen Sprache beginnen sich der Hass und die Gewalt auch in der Gesellschaft auszubreiten. Manche Soziologen haben Angst vor der Spaltung der Gesellschaft. Insofern ist es wichtig, alle Erfahrungen, die Menschen heute machen, ihre Ängste und Sorgen, ihre Gefühle von Bedrohtsein und Unsicherheit ernst zu nehmen und mit ihnen ins Gespräch zu kommen. Nur wenn alle Ängste geäußert werden dürfen, kann man auch realistische Wege finden, mit ihnen umzugehen und sie aufzulösen.

Ein Grund für die Angst vieler Menschen liegt sicher nicht nur in der hohen Zahl an Flüchtlingen und Fremden in unserem Land, sondern vielmehr in der eigenen Verunsicherung. Im Umgang mit den Fremden erkennen sie, dass sie ihre eigene kulturelle Identität verloren haben. Gerade im Osten Deutschlands haben viele Menschen ihre Identität verloren, unter anderem, weil sie zunächst die Diktatur des Dritten Reichs und dann die des Kommunismus mit- und durchlebt haben. Hier ist die Angst vor den Fremden besonders stark. Daher wäre der Flüchtlingsstrom für uns eine Herausforderung, an unserer eigenen Identität zu arbeiten und uns auf die Suche nach unseren eigenen Wurzeln zu machen. Wer gesunde Wurzeln hat, der kann auch fest stehen bleiben, wenn von außen Stürme auf ihn zukommen. Doch wer seine eigenen Wurzeln nicht kennt, der wird von äußeren Einflüssen leicht verunsichert und in seiner Standfestigkeit beeinträchtigt.

Die Traumatherapeutin Luise Reddemann fragt nach den Gründen, warum Menschen Fremdenhass entwickeln. Sie meint:

> *»Aus meiner Sicht wäre es ein wichtiges Forschungsvorhaben, herauszufinden, was für eine Familiengeschichte die AfD-Leute haben und ob beispielsweise eine unverarbeitete Vertreibungsgeschichte eine Rolle spielen könnte. Vielleicht sind manche Kinder oder Enkel von Vertriebenen, die den unverarbeiteten Schmerz der Eltern übernommen haben, und andere wiederum Nachkommen von Familien aus dem Westen, die damals gegen die Flüchtlinge aus dem Osten waren. Und die Flüchtlinge heute sind ein Auslöser dafür, dass alte Ressentiments und Schmerzen wieder aktiviert werden.«*
> REDDEMANN, PSYCHOLOGIE HEUTE 02/2017, 62

Um die Angst vor dem Fremden zu überwinden, ist es daher notwendig, auf die psychische Verfassung der Menschen einzugehen, die Fremde ablehnen, und ihre Lebensgeschichte anzuschauen. Mit moralischen Appellen allein kann man Fremdenhass nicht überwinden. Nur wenn wir die Ursachen in der eigenen Lebensgeschichte anschauen und bearbeiten, kann eine realistische Haltung zu den Fremden in uns heranwachsen.

Eine Angst, die immer wieder ins Wort gebracht wird, ist die, die eigene Heimat zu verlieren. Man fühlt sich dort, wo man lebt, nicht mehr daheim. In manchen Stadtteilen des Ruhrgebietes hat man tatsächlich manchmal den Eindruck, in einem fremden Land zu sein, weil dort kaum noch Einheimische leben. Doch zugleich wäre diese Angst, die Heimat zu verlieren, eine Herausforderung, sich zu fragen, was für uns denn Heimat wirklich bedeutet. Manchmal haben wir romantische Vorstellungen darüber, was Heimat heißt. Manchmal beschreibt es auch nur eine Sehnsucht nach Heimat, weil man sich auch schon vor dem Flüchtlingsstrom nicht mehr daheim gefühlt hat. So sollte uns die Auseinandersetzung mit der heutigen Situation zu einer Einladung werden, in uns selbst Heimat zu finden und dafür zu sorgen, dass wir Menschen wieder miteinander leben können und uns als Gemeinschaft erfahren. Nur dann wird das Heimatgefühl tragen.

Eine andere Angst, die von den rechten Gruppen immer wieder thematisiert wird, ist die vor der Islamisierung. Diese Angst hat durchaus berechtigte Gründe. Eine Frau erzählte mir kürzlich, ihr habe eine Muslimin gesagt: »In zehn Jahren habt ihr Christen hier gar nichts mehr zu sagen. Dann ist alles islamisiert.« Solche Aussagen habe ich in letzter Zeit öfter gehört. Doch das sind Äußerungen von radikalisierten Muslimen und damit Äußerungen einer sehr kleinen Minderheit. Mit den allermeisten muslimischen Menschen leben wir friedlich nebeneinander wie mit allen anderen auch.

Oft hat die Angst vor Islamisierung auch einen inneren Grund. Viele Menschen in Deutschland sind sich ihrer christlichen Wurzeln nicht bewusst. Sie haben schon lange vor dem Flüchtlingsstrom ihre christliche Identität verloren oder zumindest nicht beachtet. Jetzt, da sie scheinbar bedroht ist, werden sie sich ihrer eigenen Unsicherheit und Unklarheit bewusst. Was heißt es, hier in Deutschland als Christ zu leben? Was bedeutet mir mein christlicher Glaube? Die Angst vor der Islamisierung ist also ein Appell an uns, unsere eigene christliche Identität zu stärken. Dann sind wir auch bereit, einen offenen Dialog mit dem Islam zu beginnen. Nur der offene und ehrliche Dialog mit toleranten und offenen Muslimen kann uns diese Angst nehmen und uns in unserer eigenen christlichen Identität stärken.

Eine Frage, die heute ebenfalls viele nachdenklich gewordenen Bürger beschäftigt, ist: Wie viel Verschiedenheit halten wir aus? Wie viele Fremde kann eine Gesellschaft verkraften, ohne ihre eigene Identität zu verlieren? Eine Gesellschaft, die ihre eigene Identität verloren hat, ist nicht fähig, Fremde aufzunehmen und zu integrieren.

Es gibt keine schnellen Antworten auf diese Frage. Aber wir sollten uns ihr stellen und versuchen, für uns selbst eine Antwort zu geben, die immer eine soziologische und politische Dimension und zugleich eine psychologische und spirituelle Komponente haben wird.

Um eine angemessene Antwort zu finden, ist es hilfreich, einen Blick in die Vergangenheit zu werfen. Wir sind nicht die Ersten, die sich mit dem Problem des Fremden in der Gesellschaft auseinandersetzen müssen. Seit es Menschen gibt, sind ganze Volksstämme ausgewandert und haben sich mit anderen Gruppen vermischt oder auch als einzelne Fremde in einem fremden Volk aufgehalten. Es ist immer gut, in die Geschichte zu schauen, um von der Geschichte zu lernen. Hier finden wir gelungene Integration von Fremden genauso wie Kriege mit Fremden. Wer die Geschichte nicht anschaut, ist dazu verdammt, sie zu wiederholen. Wir können die Vergangenheit nicht eins zu eins auf die Gegenwart übertragen. Aber wir können im Licht der Vergangenheit einen anderen Blick auf die Gegenwart werfen. Lösen müssen wir die Probleme heute. Aber unser Horizont weitet sich, wenn wir in die Vergangenheit schauen.

Die Erfahrung
des Fremdseins

In der Antike

Ich möchte mich im Blick in die Geschichte auf die griechische und römische Kultur und auf die jüdisch-christliche Tradition beschränken. In der Antike pflegte die griechische Kultur mit der jüdischen und dann später mit der christlichen Kultur einen regen Austausch. Alle drei Kulturen haben sich gegenseitig befruchtet und ergänzt. Schon der Dialog zwischen diesen dreien zeigt, wie auch heute ein Dialog der Kulturen fruchtbar werden kann.

Das »Theologische Wörterbuch zum Neuen Testament« ist ein gelungenes Beispiel, wie die Autoren jeweils von der Bedeutung der Worte in der griechischen Kultur ausgehen und dann die jüdischen und christlichen Bedeutungen in den Blick nehmen. In diesem Wörterbuch hat der evangelische Theologie Wilhelm Stählin im Jahr 1935 den Artikel über den Fremden verfasst. Seine Worte sind auch heute noch aktuell. Stählin schreibt von der Erfahrung des Fremden in der griechischen und römischen Kultur:

»Der Fremde wirkt als der Anderswoherstammende, Andersartige, Nichtdurchschaubare befremdend, beängstigend, unheimlich. Aber ebenso wirkt auf den Fremden seine ihm nicht zugehörige, andersartige Umgebung als die Fremde, die ihn bedrückt und bedroht. So entsteht gegenseitige Furcht, vor allem vor den Zauberkräften des Fremden. Das ist die ursprüngliche Grundstimmung, die sich an den Begriff xenos knüpft, in der

frühen Antike nicht anders als in anderen Kulturkreisen. Aber
zum anderen ist xenos *der Freund, der mit dem anderen in*
der schönen Gegenseitigkeit der Gastfreundschaft verbunden
ist. In ihm ist der Abstand der Fremde und die Spannung des
Fremdseins überwunden.«

STÄHLIN 3

Was der Theologe hier beschreibt, können wir heute genauso beobachten: Der Fremde löst bei den Einheimischen Angst aus, weil er andersartig, nichtdurchschaubar, befremdend und beängstigend ist. Und genauso hat der Fremde Angst vor dem fremden Land, in dem er sich nun vorfindet. Er ist herausgerissen aus seiner gewohnten Umgebung. Manches ist für ihn bedrohlich, weil es ungewohnt ist. Diese gegenseitige Angst wurde in der Antike überwunden, indem der Fremde (*xenos*) zum Gastfreund (*xenos*) wird. Diese Erfahrung haben auch heute viele machen dürfen. Sobald ich den Fremden, der mir unheimlich ist, als Gastfreund aufnehme, wird die Angst überwunden. Auf einmal ist der Gastfreund eine Bereicherung. Ich erfahre Neues durch den Fremden. Das war schon in der Antike häufig so: Der Fremde hatte viel zu erzählen. Denn er kam von weit her. Er ist weitgereist. So hat er viel gesehen und kann davon erzählen. Die Begegnung mit den Fremden war ein wesentlicher Teil antiker Bildung. Bildung ereignete sich sozusagen durch das Erzählen von Erfahrungen.

Der Zwielichtigkeit von Feind und Gastfreund begegnen wir ebenfalls sowohl im germanischen als auch im römischen Kulturkreis. Die Germanen bezeichneten den Gott Odin als den unheimlichen, unerkannten Wanderer und zugleich als *gestr* (= Gast). Im Lateinischen wurde das Wort *hostis* ursprünglich für einen Angehörigen einer fremden Gruppe gebraucht. Doch im ersten Jahrhundert hatte hostis nur noch die Bedeutung von »Feind«. Später wurde der Fremde als Gast ausschließlich mit dem Wort *hospes* bezeichnet. Der Ursprung dieses Wortes ist: *hosti pot ens*, was wörtlich übersetzt den meint, der Macht hat über den Fremden. O. Hiltbrunner schreibt im »Reallexikon für Antike und Christentum« dazu:

>»Fürs Altlateinische ist somit auszugehen von einem antithetischen Begriffspaar hostis = der Fremde, der im günstigen Falle zum freundlich Aufgenommenen wird, und hospes = der aufnehmende Gastgeber als Gastherr. Erst unter dem Einfluss der griechischen Kultur, wo diese beiden Aspekte nicht geschieden werden, geht das Lateinische dazu über, hospes für den Gast wie für den Gastgeber gleicherweise zu verwenden; für hostis bleibt, nachdem die Bedeutung des friedlichen Fremden von hospes übernommen ist, nur noch die verengte Bedeutung des Fremden als Feind übrig.«

RAC, GASTFREUNDSCHAFT 1063

Sowohl in der griechischen und römischen als auch in der germanischen Kultur gibt es also die Ambivalenz des Fremden. Er kann zum Feind werden oder zum Gastfreund. Es kommt darauf an, den Feind zum Gastfreund zu machen, denn eine jahrelange Feindschaft führt zum Krieg und zu hohen Verlusten. Schon die antike Weisheit wusste, dass es für die Menschen angemessen ist, den Fremden zum Freund zu machen anstatt ihn zum ständigen Feind zu haben.

Der Fremde ist der, der nicht zur Gruppe gehört. Da es viele Formen von Gruppen gibt, gibt es auch viele Formen des Fremden. Der Fremde ist immer der, der andersartig ist, der andere Sitten und oft auch ein anderes Aussehen hat. Die Reaktion auf den Fremden war in der Antike entweder Feindseligkeit oder Gunst (RAC, Fremder 308). Die griechische Gesellschaft zur Zeit Homers pflegte durch Kriege und Handel viele Beziehungen zu Fremden. Sie war grundsätzlich offen für das Fremde. Kaufleute aus anderen Ländern waren gern gesehen und durften den Schutz der griechischen Stadtstaaten erfahren. Ärzte und Kunsthandwerker holte man sich ins Land, um von deren Fertigkeiten zu profitieren. Es gab also damals schon »Gastarbeiter«. Sowohl in der Medizin wie im Kunsthandwerk brauchte man begabte Menschen, die ihr Wissen mitbrachten und neue Techniken lehrten. Ein großer Teil der Bildungsschicht in Athen bestand aus Fremden. In Griechenland standen sie unter dem Schutz von Zeus. Fremde zu misshandeln verstanden sie als religiösen Frevel. Die Griechen unterschieden jedoch die Fremden aus anderen griechischen Städten von den Fremden, die aus einer anderen Kultur stammten. Letztere wurden mit dem Wort »Barbaren« belegt. Ihnen stand man eher reserviert gegenüber. Das änderte sich durch die Eroberungszüge Alexanders des Großen. Alexander wünschte die Verschmelzung der verschiedenen Völker. Was er politisch durchsetzen wollte, wurde unterstützt von der stoischen Philosophie. Sie sprach von »Philanthropie und Kosmopolitismus«. Doch neben der freundlichen Aufnahme der Fremden gab es immer auch ein gewisses Misstrauen, das oft durch religiöse Bedenken oder vom Sicherheitsdenken her genährt wurde.

Rom nahm durch seine Eroberungszüge viele Fremde in sein Reich auf. Der Umgang mit Fremden gehörte also wesentlich zur Politik und auch zur Philosophie Roms. Die Fremden bekamen einen eigenen rechtlichen Status. Allerdings gab es Unterschiede zwischen den einzelnen Gruppen. In den ersten drei Jahrhunderten, der sogenannten Kaiserzeit, nahm der Zuzug nach Rom zu. Menschen aus verschiedensten Gegenden des Reiches brachten auch andere Kulte nach Rom, etwa orientalische Mysterienkulte wie den Mithraskult. Zudem lebten viele Juden in Rom und im römischen Reich, die durchaus akzeptiert waren. Allerdings gab es auch immer wieder fremdenfeindliche und antisemitische Maßnahmen einzelner Kaiser. Doch zugleich vermischten sich die Fremden immer mehr mit den Angehörigen der römischen Gesellschaft. Der Staat vergab großzügig das römische Bürgerrecht und integrierte auf diese Weise die Fremden in die römische Gesellschaft.

Wenn wir auf die heutige Flüchtlingsproblematik schauen, so ist es hilfreich, zuvor in die Geschichte zu blicken. Sie lehrt uns, dass die ambivalente Haltung den Fremden gegenüber immer schon verbreitet war. Doch die Völker, die für sich beanspruchten, die Kultur des Abendlandes zu repräsentieren, rangen sich immer zu einer positiven Haltung den Fremden gegenüber durch. Außerdem haben sie durch die Integration der Fremden etwas für ihre eigene Gesellschaft gewonnen. Das gilt für die griechische Kultur, die von Fremden geprägt wurde. Und es gilt natürlich für die Römer, die die Fremden allerdings auch für ihre militärischen Zwecke nutzten und dadurch das ganze damals bekannte Gebiet um das Mittelmeer herum beherrschten. Das römische Reich war der Versuch, aus vielen Fremden ein einheitliches Reich zu erschaffen.

Eine neue Epoche brach mit der Völkerwanderungszeit an. Heutige Forschungen zeigen, dass sich die sogenannte Völkerwanderung schon seit etwa 300 nach Christus anbahnte. Unter der Herrschaft der römischen Kaiser wurden viele germanische Stämme in Italien angesiedelt beziehungsweise nach dort umgesiedelt. Zahlreiche römische Heerführer waren Germanen. Die Fremden waren also integriert in die römische Gesellschaft und in den Staat. Doch in der folgenden Zeit gab es Verwerfungen und Machtverschiebungen. Aus den verschiedenen Völkern entstand in einem schmerzlichen Prozess das mittelalterliche fränkische Reich, das in seinem Selbstverständnis und der staatlichen Ordnung an das römische Reich anknüpfte. Mit der Integration der Fremden vollzog sich also zugleich ein Wandel hin zu einer neuen Gesellschaft, aus der dann das fränkische Reich hervorging.

Was damals in einem schmerzlichen Prozess gelang, ist auch eine Herausforderung für uns. Auch unsere Gesellschaft ist im Wandel. Wir sollten aus der Geschichte heraus mit Hoffnung auf diesen Wandlungsprozess schauen. Die Wandlung ist auch eine Chance, dass etwas Neues entsteht, das nicht schlechter, sondern reicher ist als das Bisherige. Wenn Fremde in eine Gesellschaft und Kultur integriert werden, dann bereichern sich die Völker gegenseitig und es entsteht etwas Neues, aus dem heraus eine gute Zukunft gestaltet werden kann. Aber die Geschichte zeigt auch, dass dieser Wandlungsprozess Zeit braucht und dass er auch schmerzliche Erfahrungen mit sich bringen kann.

Die frühe Kirche und die Fremden

Wie die frühe Kirche sich zu den Fremden stellte, hat einerseits seinen Ursprung in den Schriften des Alten Testaments. In alttestamentlicher Zeit betrachtete sich das Volk der Juden immer als Fremde: Sie waren Fremde im Land Ägypten. Sie sind als Fremde in das Gelobte Land gekommen. Weil dem so war, waren sie anderen Fremden gegenüber gastfreundlich. Daher heißt es im Buch Levitikus, in dem zahlreiche Vorschriften gesammelt wurden:

> »Wenn bei dir ein Fremder in eurem Land lebt, sollt ihr ihn nicht unterdrücken. Der Fremde, der sich bei euch aufhält, soll euch wie ein Einheimischer gelten, und du sollst ihn lieben wie dich selbst; denn ihr seid selbst Fremde in Ägypten gewesen.«
>
> LEVITIKUS 19,33f

Die Israeliten integrierten also Fremde in ihrer Gesellschaft, weil sie aus eigener Erfahrung wussten, wie schmerzlich es sein kann, in der Fremde zu leben.

Allerdings lässt sich nach dem babylonischen Exil auch eine strikte Abkehr von der positiven Haltung den Fremden gegenüber beobachten. Man hatte Angst, dass Menschen, die aus einem anderen Religions- und Kulturkreis stammten, die eigene Religion mit ih-

ren Kulten vermischten und so zum Glaubensabfall beitrugen. So
warnt schon Jesus Sirach:

> »Nimmst du den Fremden auf,
> entfremdet er dich deiner Lebensart.«
> JESUS SIRACH 11,34

Die Angst, dass Fremde uns der eigenen Kultur und dem eigenen
Glauben entfremden, wie wir das heute immer wieder beobachten,
war also schon im Judentum bekannt. Vor Fremden soll man sich
in Acht nehmen, heißt es im Buch Jesus Sirach:

> »Vor einem Fremden tu nichts, was geheim bleiben sollt;
> du weißt nicht, wie er sich am Ende verhält.«
> JESUS SIRACH 8,18

Bei aller Liebe zu den Fremden gab es also schon im Judentum
die gleiche Spannung, die wir heute auch erleben: Man traute den
Fremden nicht wirklich.

Im Buch Deuteronomium wird dagegen deutlich, dass sich, wie oben
erwähnt, die Israeliten selbst immer als Fremde sahen und daher
Menschen aus anderen Gegenden oder Völkern freundlich gesinnt
waren. Jeder Israelit sollte vor Gott folgendes Bekenntnis ablegen:

> »Mein Vater war ein heimatloser Aramäer. Er zog nach Ägyp-
> ten, lebte dort als Fremder mit wenigen Leuten und wurde
> dort zu einem großen, mächtigen und zahlreichen Volk. Die
> Ägypter behandelten uns schlecht, machten uns rechtlos und

legten uns harte Fronarbeit auf. Wir schrien zum Herrn, dem
Gott unserer Väter, und der Herr hörte unser Schreien und
sah unsere Rechtlosigkeit, unsere Arbeitslast und unsere Be-
drängnis.«

DEUTERONOMIUM 26,5-7

An diese Erfahrung sollten die Israeliten immer denken und daher im Fremden immer auch ein Bild für ihr eigenes Fremdsein in
Ägypten erkennen. Diese Erfahrung sollte sie zu einem guten Umgang mit den Fremden führen.

Doch nicht nur im eigenen Land, sondern auch in der Welt haben sich Juden immer wieder als fremd erfahren. Davon kann man
im Buch Jesus Sirach lesen. Es ist etwa um das Jahr 180 entstanden.
Damals gab es viele Juden, die in Griechenland und Rom lebten
und dort alles andere als gute Erfahrungen machten:

»Schlimm ist ein Leben von Haus zu Haus und, wo du als
Fremdling weilst, darfst du den Mund nicht auftun. Ein
Fremdling bist du, und Schmach musst du schlucken und au-
ßerdem noch bittere Reden hören.«

JESUS SIRACH 29,24f, ÜBERSETZUNG BEI PETER NEUHAUSER 72

Viele Juden, die in der Fremde lebten, waren sehr gebildet und man
hatte sie vielleicht sogar deswegen in ein fremdes Land geholt. Umso schmerzlicher, wenn man dann trotzdem Ablehnung erfährt:

»Für einen Mann mit Bildung ist es hart, geschmäht zu wer-
den, wenn man in der Fremde lebt, oder beschimpft zu werden,
wenn man einem geborgt hat.«

JESUS SIRACH 29,28

Diese Erfahrungen mussten viele Juden in der damaligen und auch in den folgenden Jahrhunderten auf der ganzen Welt machen. Die Erfahrung des Fremdseins gehörte also wesentlich dazu. Daher waren sie selbst auch sensibel in ihrem Umgang mit Fremden. Wie diese Tradition des Alten Testaments auf das heutige Judentum wirkt, zeigt ein Text von Elie Wiesel, der nach seiner Befreiung aus dem Konzentrationslager Buchenwald nicht müde wurde, seine Erfahrungen in die heutige Welt von Hass und Kälte hineinzuschreiben:

> »Für einen Juden ruft der Fremde die Vorstellung von einer Welt hervor, die es zu bewohnen, zu verschönern, zu retten gilt. Man wartet ungeduldig auf ihn und heißt ihn willkommen, man ist ihm für seine Anwesenheit dankbar. Nach der Meinung unserer Weisen liegt die Größe Abrahams darin, dass er allen Vorüberziehenden, allen Fremden einen herzlichen Empfang bereitet, ob Engel oder Flüchtende kamen, er lud sie zu sich ein.«
> WIESEL 22

Diese Dankbarkeit, von der Wiesel schreibt, täte uns heute gut. Die Fremden sind keine Last, sondern die Herausforderung, unsere Welt zu bewohnen, schöner zu machen und zu retten.

Die zweite Quelle, aus der die frühe Kirche für ihren Umgang mit Fremden schöpfte, war das Neue Testament, also letztlich das Verhalten Jesu und seine Worte Fremden gegenüber. Jesus war gegenüber allen anderen Menschen offen, ob fremd oder nicht. Das Matthäusevangelium schildert uns, dass er selbst zum Flüchtling wurde und in Ägypten eine Zeit lang leben musste. Er hat also das Fremdsein des Volkes Israel am eigenen Leib erfahren. Daher ist er offen für Fremde, für die Nichtjuden. Das zeigt sich in seiner Begegnung mit dem römischen Hauptmann. Über diesen Hauptmann sagt Lukas:

>>*Er liebt unser Volk und hat uns die Synagoge gebaut.*«
LUKAS 7,5

Jesus möchte zu ihm gehen, um seinen Diener zu heilen. Doch der Hauptmann schickt Freunde, die ihm ausrichten sollten, er sei es nicht wert, dass Jesus sein Haus betrete. Der Hauptmann traute Jesus zu, dass er durch ein Wort allein seinen Diener heilen könne. Jesus antwortet:

>>*Ich sage euch: Nicht einmal in Israel habe ich einen solchen Glauben gefunden.*«
LUKAS 7,9

Der Fremde wird also zum Vorbild im Glauben. Das war durchaus eine Herausforderung für die frommen Pharisäer seiner Zeit, die meinten, sie allein seien gläubige Menschen.

An anderer Stelle, in einem Gleichnis, lobt Jesus den Samariter, der barmherzig an einem Mann handelt, der unter die Räuber gefallen war (Lukas 10,25–37). Wiederum wird ein Fremder zum Vorbild der Nächstenliebe, denn Menschen aus Samaria galten damals eigentlich als »Ungläubige« und man pflegte als Jude möglichst keinen Kontakt mit ihnen (Johannes 4,9). Jesus beschämt hier die frommen Priester und Leviten, die den Mann im Gleichnis unbeachtet liegen lassen. In einer anderen Geschichte heilt Jesus einige Aussätzige, allerdings wird dies erst deutlich, als sie im Tempel ankommen und dort bemerken, dass der Aussatz verschwunden ist. Nur einer der Geheilten, ein Samariter, kehrt noch einmal zurück und dankt Jesus für die Heilung (Lukas 17,11–19). Wieder ist es also ein Fremder, der sich gegenüber den auf Vorschriften bedachten Juden richtig und menschlich verhält, der die Regeln nicht über den Menschen stellt. Johannes erzählt zudem, dass Jesus lange mit einer Samariterin am Brunnen spricht. Er hat keine Berührungsängste, keine Vorurteile gegenüber Fremden, sondern sieht immer nur einen Menschen vor sich, unabhängig von seiner Herkunft und seiner Zugehörigkeit. Die Samariterin erzählt ihren Freunden und ihrer Familie, was Jesus ihr gesagt hat. Und viele glauben an das, was Jesus verkündet hat (Johannes 4,1–42). Gerade die Fremden sind also offen für die Botschaft Jesu. Und sie werden oft zum Vorbild im Glauben.

Übertragen auf heute heißt das, dass wir unter den Fremden, die in unser Land kommen, viele entdecken werden, vor denen wir Respekt haben, weil sie sich selbstverständlich und selbstlos für andere eingesetzt haben, vielleicht auf der Flucht, vielleicht aber auch in der neuen Heimat. Wenn wir Fremden mit der Offenheit begegnen, die Jesus uns vorgelebt hat, dann werden wir im anderen nur noch den Menschen sehen und ihn an dem messen, was er (Gutes) tut, nicht daran, woran er glaubt oder woher er kommt. Und wir werden vielleicht feststellen, dass die Offenheit uns und unserer Kultur gegenüber sehr viel größer ist, als wir das manchmal meinen. Und auch, dass zumindest auf der Seite der Flüchtlinge Gastfreundschaft uns gegenüber häufig eine viel größere Rolle spielt als in unserem eigenen Alltag.

Im Matthäusevangelium, das von einem Judenchristen verfasst wurde, wird die ursprüngliche Sendung Jesu ausschließlich zum jüdischen Volk aufgebrochen, bis sie in den sogenannten Missionsbefehl mündet:

>*Geht zu allen Völkern und macht alle Menschen*
zu meinen Jüngern.«
MATTHÄUS 28,19

In einer Rede identifiziert sich Jesus selbst mit den Hungernden, Dürstenden, Kranken, Gefangenen und eben auch mit den Fremden:

>*Ich war fremd und obdachlos,*
und ihr habt mich aufgenommen.«
MATTHÄUS 25,35

Im Lauf der Kirchengeschichte hat man diese sogenannte Gerichtsrede und vor allem diesen Satz verschieden ausgelegt. Zunächst meinte man, mit den Fremden seien hier die eigenen Glaubensgeschwister gemeint, vor allem die Wanderprediger, die auf die Gastfreundschaft der Menschen an ihrem Weg angewiesen waren. Heute deutet man diesen Text eher universalistisch. Man sieht in den Hungernden, Kranken, Fremden und Gefangenen alle notleidenden Menschen dieser Welt. Unser Schicksal hängt davon ab, wie wir mit ihnen umgehen. In den notleidenden Menschen begegnen wir Christus selbst. In der Rede Jesu geht er jedoch davon aus, dass die Menschen, die geholfen haben, gar nicht wussten, dass ihnen im anderen, im Armen Jesus begegnet ist. Jesus fordert uns darin also auf, einem Menschen nur um seiner selbst Willen zu helfen, aus Nächstenliebe, nicht, weil wir damit Gott gefällig sein wollen oder sonst etwas zu erreichen trachten. Besonders beliebt ist dieser Text in der Befreiungstheologie. Gustavo Gutierrez spricht in diesem Zusammenhang von der »Bekehrung zum Nächsten« und vom »Sakrament des Nächsten«. An diesem Sakrament vorbei führt kein Weg zu Gott (Lutz 523). Die Liebe Gottes muss sich in der Liebe zum Nächsten ausdrücken.

Die Worte Jesu in der Gerichtsrede haben die frühen Kirchenväter zu der Lehre von den »sieben Werken der Barmherzigkeit« entfaltet. Jesus selbst nennt sechs Werke: Hungernde speisen, Durstige tränken, Fremde und Obdachlose aufnehmen, Nackte bekleiden, Kranke besuchen und zu den Gefangenen ins Gefängnis kommen (Matthäus 25,35f). Zu diesen sechs Werken hat die frühe Kirche im Anschluss an jüdische Frömmigkeit das Begraben der Toten hinzugefügt. Diese sieben Werke der Barmherzigkeit können als so etwas wie ein Grundprogramm einer christlichen und damit menschlich-barmherzigen Gesellschaftsordnung gelten. Wenn man so möchte, bilden sie die Grundwerte des christlichen Abendlandes, das nicht auf den Vorteil des Einzelnen bedacht ist, sondern auf Barmherzigkeit und Gastfreundschaft gründet.

Das Wort von der Aufnahme des Fremden hat im Lauf der Kirchengeschichte viele Christen dazu gebracht, Fremde gastfreundlich aufzunehmen. Denn in ihnen begegnet uns Jesus selbst. Diese Wertschätzung des Fremden, in dem die Christen Jesus selbst sehen, zieht sich durch die ersten Jahrhunderte der Christenheit hindurch. Leider ist dieses Wort Jesu immer wieder einmal vergessen worden.

Ein typisches Beispiel dafür war der Umgang christlich geprägter Gesellschaften mit den Juden. Es gab zu allen Zeiten freundschaftliche Beziehungen zwischen beiden Glaubensgemeinschaften. Die Bischöfe waren sogar vom Papst angewiesen, die Juden zu schützen. Dennoch gab es auch zu allen Zeiten Pogrome, bei denen Juden mit Gewalt vertrieben oder ermordet wurden. Diese Gewaltausbrüche waren häufig nicht »von oben« verordnet – das geschah erst unter Hitler –, sondern entstanden aus einer Hetze kleinerer oder größerer Gruppen in der Bevölkerung gegen die »Gottesmörder«, denn viele Christen machten die Juden noch sehr lange verantwortlich für den Tod Jesu. Hier vermischte sich ein falsch verstandener Glaube mit dem Hass auf das Fremde – und die Parallele zu heute ist beinahe mit Händen greifbar, nur dass es jetzt häufig nicht mehr gegen die Juden, sondern gegen andere Gruppierungen geht, die man pauschal für irgendetwas verantwortlich macht. Die Judenverfolgungen sind ein Schandfleck in der Geschichte der Kirche. Sie zeigen, wohin Angst vor Fremden und Fremdenhass führen können.

Doch dieses Gefühl, fremd zu sein in der Welt, kannten nicht nur die Juden. Auch die Christen taten das, jedoch auf ihre ganz eigene Weise und mit einer etwas anderen Deutung. Jesus selbst sagt mit einem griechischen Sprichwort von sich:

»Die Füchse haben ihre Höhlen und die Vögel ihre Nester; der Menschensohn aber hat keinen Ort, wo er sein Haupt hinlegen kann.«
LUKAS 9,58

Für die Griechen ist der Mensch in dieser Welt ein Fremder, weil seine Seele in der Welt des Geistes beheimatet ist:

»Der Leib oder auch die ganze Welt ist dann gleichsam eine Herberge, in der der himmlische Fremdling, die Seele, nach göttlicher Ordnung auf Zeit einkehrt.«

STÄHLIN, XENOS 25

Das Lebensgefühl des griechischen Weisen ist daher die Angst vor der fremden Welt und die Sehnsucht nach der himmlischen Heimat. An dieses Lebensgefühl erinnert Jesus mit seinem Wort. Jesus kommt als Fremder in die Welt und durchwandert sie. Diese Sicht der Dinge wird auch im Johannesevangelium deutlich, wenn von Jesus gesagt wird, er komme in sein Eigentum, aber

»die Seinen nahmen ihn nicht auf«.

JOHANNES 1,11

Jesus kommt in die Welt, um darin zu zelten. Er wohnt in dieser Welt nicht in einem Palast. Er richtet sich nicht ein, sondern er zeltet nur unter uns (Johannes 1,14). Johannes betont immer wieder, dass Jesus denen, die von dieser Welt sind, fremd ist und bleibt. Er ist in der Welt, aber nicht von dieser Welt.

In der Gemeinschaft mit Jesus haben sich dann auch die Christen als Fremde in der Welt gefühlt. Der Hebräerbrief beruft sich, um das zu verdeutlichen, auf Abraham, das Vorbild im Glauben:

»Aufgrund des Glaubens gehorchte Abraham dem Ruf, wegzuziehen in ein Land, das er zum Erbe erhalten sollte; und er zog weg, ohne zu wissen, wohin er kommen würde. Aufgrund des Glaubens hielt er sich als Fremder im verheißenen Land wie in einem fremden Land auf.«

HEBRÄER 11,8f

Es folgt eine Liste von Menschen, die im Alten Testament in dieser Tradition Abrahams stehen, und sie schließt mit dem Satz:

> *»Sie haben bekannt, dass sie Fremde*
> *und Gäste auf Erden sind.«*

HEBRÄER 11,13

Im übernächsten Kapitel steht zu lesen, dass wir als Christen hier »keine Stadt« haben, »die bestehen bleibt, sondern wir suchen die künftige« (Hebräer 13,14). Dieses Gefühl, in dieser Welt fremd zu sein, war den ersten Christen sehr vertraut. Als das Christentum durch Kaiser Konstantin zur Staatsreligion ernannt wurde, haben vor allem die Mönche diesen Aspekt des Fremdseins in der Welt durch ihren Rückzug aus der Welt zum Ausdruck gebracht und bewahrt.

Das Gefühl, dass die Christen Fremde und Gäste in der Welt sind, taucht auch im 1. Petrusbrief immer wieder auf:

> *»Liebe Brüder, da ihr Fremde und Gäste seid in dieser Welt,*
> *ermahne ich euch: Gebt den irdischen Begierden nicht nach,*
> *die gegen die Seele kämpfen.«*

1 PETRUS 2,11

Der Christ soll sich in dieser Welt, die von Politik und Wirtschaft bestimmt ist, als Fremdling fühlen. Der Glaube entfremdet ihn der rein irdischen Welt mit ihren Begierden und Lüsten. Die Welt ist eine Fremde, aus der wir wie der verlorene Sohn ausziehen und zurückkehren sollen in das Haus des Vaters, in dem wir wahrhaft

zu Hause sind (vgl. Lukas 15,11–32). Der Epheserbrief dreht diese Erfahrung um: Die heidnischen Christen waren vor ihrer Taufe
Fremde. Sie waren fremd gegenüber ihrer wahren Heimat, die die
Kirche für sie ist. Durch die Taufe und den Glauben haben sie ihre eigentliche Heimat gefunden:

> *»Ihr seid also jetzt nicht mehr Fremde ohne Bürgerrecht, son-*
> *dern Mitbürger der Heiligen und Hausgenossen Gottes.«*
> EPHESER 2,19

Endgültig werden wir in der Heimat sein, wenn wir im Tod heim-
kehren zum Herrn, um dort zu sein, wo er ist. Das wird deutlich
in den Versen aus dem 2. Korintherbrief:

> *»Wir sind also immer zuversichtlich, auch wenn wir wissen,*
> *dass wir fern vom Herrn in der Fremde leben, solange wir in*
> *diesem Leib zu Hause sind; denn als Glaubende gehen wir*
> *unseren Weg, nicht als Schauende. Weil wir aber zuversicht-*
> *lich sind, ziehen wir es vor, aus dem Leib auszuwandern und*
> *daheim beim Herrn zu sein.«*
> 2 KORINTHER 5,6f

Die christliche Tradition mahnt uns, die Fremden aufzunehmen
und sie gut zu behandeln. Zum einen sind sie ein Bild für uns
Christen, die wir eigentlich alle Fremde in dieser Welt sind. Die
Fremden erinnern uns also an das Wesen unseres Glaubens, dass
wir selbst Fremde in dieser Welt sind. Zum anderen nehmen wir in
den Fremden Christus selbst auf. Unsere christliche Nächstenliebe
bewahrheitet sich also gerade auch in der Aufnahme der Fremden.

Christen aller Konfessionen haben in der Flüchtlingskrise gezeigt, dass diese Botschaft der Bibel auch heute noch wirkt. Das gilt auch für viele Menschen, die nicht in die Kirche gehen und sich vielleicht nicht einmal als gläubig bezeichnen würden, aber doch vom Geist Jesu geprägt sind und durch ihr christliches Handeln den Geist Jesu in unserer Welt aufleuchten lassen. In diesem Sinn können genau diese Menschen als die wahren Verteidiger des christlichen Abendlandes gelten.

Das Wort Jesu war auch für uns im Kloster der Grund, warum wir 38 Flüchtlinge aus Syrien, Iran, Irak und Eritrea aufgenommen haben, Christen wie Muslime. Wir haben sehr schnell die Erfahrung gemacht, dass die Gastfreundschaft aus Fremden Freunde macht. Die Fremden werden zur Bereicherung. Sie erzählen uns von ihrem Schicksal, weiten unseren eigenen Blick auf diese Welt. Und wir haben teil an dem, was sie bewegt, an ihrem Ringen um ein sinnvolles und gutes Leben. Die Gastfreundschaft hat uns die Erfahrungen machen lassen, die der Hebräerbrief in dem Wort ausdrückt:

»Vergesst die Gastfreundschaft nicht; denn durch sie haben einige, ohne es zu ahnen, Engel beherbergt.«
HEBRÄER 13,2

Fremde können zu Engeln werden, die uns Gott schickt, um uns eine Botschaft deutlich zu machen: das Herz zu öffnen, damit durch das offene Herz die Gegensätze zwischen den Menschen überwunden werden.

Die Erfahrung des Fremdseins heute

Dass der Mensch sich in unserer Welt fremd fühlt, haben auch Dichter und Denker immer wieder thematisiert. Da ist die Rede vom »unbehausten« Menschen: Der Mensch ist nicht bei sich selbst zu Hause. Und er fühlt sich auch in der Welt als Fremder. Er spürt, dass er hier nicht ganz hingehört. Er ist sich selbst entfremdet, sich selbst fremd geworden. Der menschliche Geist übersteigt die Welt. Daher ist sie zwar der Raum für seinen Leib. Aber sein Geist geht über diese Welt hinaus.

Heute wird das Gefühl des Entfremdetseins noch einmal verstärkt durch die zunehmende Mobilität: Unabhängig von den Flüchtlingsströmen der letzten Jahre sind viele Menschen gezwungen, häufig ihren Wohnort zu wechseln. Da muss ein Angestellter einer großen Firma für einige Jahre nach China. Ein anderer arbeitet seit fünf Jahren in Brasilien. Umgekehrt gibt es hier bei uns Menschen, die aus beruflichen Gründen für einige Jahre in Deutschland leben, aber auch solche, die aus ihrer Heimat ausgewandert sind und sich hier ihre Existenz aufgebaut haben. Sie fühlen sich auf der einen Seite in Deutschland wohl. Doch zugleich spüren sie, dass es eben nicht ihr Zuhause ist. Es ist eine andere Kultur, in die sie da eingetaucht sind. Oft sehnen sie sich nach ihrer heimatlichen Kultur. Zugleich spüren sie, dass sie nicht einfach wieder zurückkehren können. Sie haben hier Fuß gefasst. Und so fühlen sie sich weder hier noch in ihrer ursprünglichen Heimat ganz daheim.

Für Flüchtlinge, die durch Kriegsereignisse, durch wirtschaftliche Not oder den Mangel an Zukunftsperspektiven dazu gedrängt wurden, ihr Land zu verlassen, ist dieses Gefühl der Fremde noch stärker. Sie mussten oft von jetzt auf gleich aus ihrer Heimat fliehen, um ihr Leben zu retten, konnten nur wenig Habe mitnehmen und mussten manchmal auch alles zurücklassen außer dem, was sie am Leib trugen. Häufig sind auch die Männer zunächst allein geflohen, weil sie verfolgt wurden oder um in einem neuen Land der Familie einen Ort einzurichten, an dem Leben wieder möglich ist. Viele erleben das Land, in das sie geflohen sind, als fremd. Dort herrscht eine andere Kultur, eine andere Religion. Die Gewohnheiten und Bräuche sind anders, das Klima, die Menschen. Ihnen fehlt die Gemeinschaft, die sie zuvor getragen hat. Die Folge ist, dass viele vereinzeln. Auch wenn sie freundlich aufgenommen werden, fühlen sie sich doch fremd. Sie wissen nicht, wie ihre Zukunft in diesem Land aussehen soll.

Was diesen Menschen zu schaffen macht, ist der Verlust ihrer Wurzeln. Jeder braucht Wurzeln. Und gerade in der Fremde sehnen sich die meisten danach, aus den Wurzeln ihrer Heimat zu leben. Doch sie sind oft getrübt, ja manchmal vergiftet, weil sie in ihrem Ursprungsland seitens der eigenen Glaubensgeschwister oder der Mitglieder des eigenen Volkes Gewalt und Unrecht erfahren haben. So ist die Heimat, nach der sie sich zurücksehnen, nicht mehr ihre Heimat, weil sie durch den Bürgerkrieg in ihren Wurzeln gefährdet ist. Sie sind in der Fremde und zugleich hat man ihnen die Heimat genommen. Sie sehnen sich nach der Heimat und wissen zugleich, dass sie nicht zurückkehren können, weil sie dort nur Terror und Gewalt erwarten.

Werden die Geflüchteten dann mit Fremdenhass konfrontiert, fühlen sie sich erst recht als rechtlose Fremde, die keine Gastfreundschaft erfahren, sondern Ablehnung. Das verstärkt die Wunde, die sie durch die Flucht schon auf sich genommen haben. Daher ist es kein Wunder, dass sich Menschen, die sich fremd fühlen, von radikalen Gruppierungen vereinnahmen lassen, weil sie ihnen einen starken Gruppenzusammenhalt bieten, der ihnen ein neues Selbstwertgefühl vermittelt.

Das gilt einerseits für radikale Gruppierungen, die den Islam als Aufhänger nutzen, um eine Art auslöschende Mission zu betreiben: Sie predigen die Auslöschung der westlichen, »verderbten« Kultur und nutzen die Gefühle von Heimatlosigkeit und Einsamkeit, um sie für ihre Sache zu missbrauchen.

Das gilt aber genauso für rechtsradikale Gruppierungen, die die gleichen Gefühle auf deutscher Seite nutzen, um die Menschen in ihrem Sinn zu manipulieren. Anfällig für solche Gruppen und Strömungen sind häufig Menschen, die sich orientierungslos und oft auch schwach oder machtlos fühlen. Die radikale Gruppe verleiht ihnen Stärke. Aber es ist eine künstliche Stärke und eine Stärke auf Kosten anderer. Sie machen die anderen klein, um an ihre eigene Größe glauben zu können. Sie verteufeln die anderen, um sich selbst in den Himmel zu heben, sich selbst besser zu fühlen und zu wissen, dass sie das Richtige tun und glauben. Doch diese Verblendung ist gefährlich. Solche Menschen sind keinen Argumenten mehr zugänglich. Man müsste viel tiefer ansetzen und ihnen auf andere Weise wieder ein Selbstwertgefühl vermitteln. Aber das ist ein langer und mühsamer Weg. Er verlangt, statt sie zu verurteilen und sie dadurch noch weiter in die Fänge der Radikalen zu treiben, ihnen den Rücken zu stärken, damit sie ihre eigene Identität finden.

Wenn sie ihre eigene Identität gefunden haben, haben sie es nicht mehr nötig, ihre Identität auf Kosten anderer zu leben.

Großherzige Gastfreundschaft und Gespräche sind das, was Geflüchtete brauchen, damit sie sich verstanden und angenommen fühlen können. Doch auch für die Gastgeber ist diese Situation eine große Herausforderung. Sicher werden ihnen die Fremden manchmal auch fremd vorkommen. Sie werden manches nicht verstehen, weil die, die die Gastfreundschaft in Anspruch nehmen, anders reagieren, als sie das von ihnen erwartet haben. Hinzu kommt, dass viele Flüchtlinge traumatisiert sind und daher gar nicht »normal« reagieren können. Doch diese vielleicht eher ungewöhnliche oder unerwartete Reaktion ist nicht Kennzeichen ihres Fremdseins, sondern Ausdruck der vielen Verletzungen und Traumatisierungen, die sie erfahren haben.

Die Ambivalenz dem Fremden gegenüber, die der Blick in die Geschichte sichtbar werden ließ, ist auch heute ein Thema. Es hat daher auch keinen Sinn, sofort moralisierend zu fordern, wir müssten die Fremden vorbehaltlos aufnehmen. Wichtiger finde ich, die Gefühle zuzulassen, sowohl aufseiten der Flüchtlinge, aber auch bei den Gastgebern. Da gibt es Gefühle wie Erschrecken vor dem Fremden, Angst vor dem Fremden oder das Gefühl, nicht erwünscht zu sein. Wir müssen uns diese Emotionen anschauen und uns ihnen stellen. Manchmal kann es helfen, dazu psychologischen Rat zu suchen, um dann mit diesen Gefühlen angemessen umgehen zu können. Daher möchte ich im nächsten Kapitel Einsichten der Psychologie zum Thema Fremdsein und Fremde kurz darlegen.

**Psychologische
Einsichten:**

**Die Begegnung
mit dem Fremden**

Das Fremde als Spiegel

Für mich gibt es zwei Modelle, sich dem Thema des Fremden als einer Art Spiegel für uns zu nähern. Das ist einmal das psychoanalytische Modell von Arno Gruen, das mehr auf der Freudschen Psychologie fußt, und dann das Modell der Tiefenpsychologie, wie sie C. G. Jung entwickelt hat.

Arno Gruen wurde 1923 in Berlin geboren und emigrierte 1936 in die USA. Dort war er Professor und Therapeut an verschiedenen Universitäten. Von 1979 bis zu seinem Tod im Jahr 2015 lebte Gruen in der Schweiz und praktizierte dort als Therapeut. Er ist der Freudschen Schule verpflichtet, auch wenn er seinen eigenen Weg gegangen ist.

C. G. Jung arbeitete anfangs mit Sigmund Freud zusammen, trennte sich dann aber von ihm und entwickelte seine eigene Form der Tiefenpsychologie. Ein wichtiges Element dieser Psychologie, über das Jung erstmals 1912 publizierte, ist das des Schattens.

Der Fremde in uns (Arno Gruen)

Nach Arno Gruen entsteht die Angst vor dem Fremden vor allem dadurch, dass Menschen das Eigene in sich unterdrücken, weil man es ihnen in ihrer Erziehung als etwas vor Augen gehalten hat, das nicht sein darf. Gruen drückt das so aus:

»Sie verwerfen ihre eigene Sicht, ihre Empathie, ihre Empfindungen, weil man ihnen beigebracht hat, dass diese verachtenswert, idiotisch, minderwertig sind.«

GRUEN 16

Ihr Eigenes machte man zum Fremden,

»für das sie sich schämen und das sie deshalb abspalten und bestrafen müssen«.

GRUEN 16

Die eigene Menschlichkeit wird so zum Feind, der die Existenz bedroht

»und der überall – in uns selbst wie auch in anderen – bekämpft und vernichtet werden muss«.

GRUEN 16

Gruen bringt ein Beispiel für diese These: Eine Studentin arbeitet mit und für Asylanten. Sie will sich für die Fremden einsetzen, bemerkt aber plötzlich erschrocken, dass rassistische Gedanken ihren Kopf füllen. Sie besucht einen Vortrag von Arno Gruen und begreift anschließend, warum diese Gedanken in ihr auftauchen. Der Grund liegt in ihrer eigenen Vergangenheit. Sie betreut eine Gruppe albanische Jugendliche. Einige von ihnen äußern sehr selbstbewusst, dass sie eine Lehrstelle wollen. Die Studentin sagt nach dem Vortrag:

»Daraufhin hatte ich das Gefühl, dass sie überhebliche Ausländer sind. Jetzt, durch Ihren Vortrag, erkannte ich plötzlich
etwas Altes, Vergessenes: Ich durfte nie ich will sagen, sondern
nur ich möchte. So hasste ich diese jungen Albaner für das,
was ich an mir selbst hassen gelernt hatte.«
GRUEN 16

Gruen greift in seinen Überlegungen auf Sigmund Freud zurück,
der meinte,

»dass gerade die kleinen Unterschiede (zwischen Menschen)
bei sonstiger Ähnlichkeit die Gefühle von Fremdheit und
Feindseligkeit zwischen ihnen begründen«.
GRUEN 17

Und er stellt sich dann die Frage:

»Wie kommt es zu dem Paradoxon, dass wir einen anderen
vor allem dann als fremd erleben, wenn er uns ähnlich ist?«
GRUEN 17

Seine Antwort: Weil das eigene Ich oder Teile davon zum Fremden
gemacht wurden, ist genau das eine dauernde Quelle der Angst – vor
dem anderen. Der Fremde erinnert uns oft an unsere eigene Menschlichkeit, die wir aber verdrängt haben, weil sie uns in der Erziehung
als etwas Negatives und etwas, das nicht sein soll, vermittelt wurde.
Gruen meint, dass die Empathie wesentlich zum Menschen gehöre.
Doch wenn Menschen dazu erzogen werden, das Eigene zu verach-
ten, sind sie nicht fähig zur Empathie, weder sich selbst noch an-

deren gegenüber. Dann degradieren sie den anderen zum Unmenschen und meinen, sie müssten ihn beseitigen, um sich von ihm zu »reinigen«. Der andere wird dann nicht mehr in seiner individuellen Menschlichkeit gesehen, sondern nur noch als Bestandteil einer Gruppe:

>*Seine konkreten Gefühle, Einstellungen und Verhaltensweisen verschwinden aus dem Blickfeld, stattdessen wird seine Persönlichkeit auf eine einzige Eigenschaft reduziert: die Zugehörigkeit zur Gruppe. Diese Abstrahierung macht ein empathisches Erleben des anderen unmöglich.«*

GRUEN 20

Diese Reduktion des Einzelnen auf den Bestandteil einer Gruppe war für Nazideutschland prägend. Die Ursache sieht Gruen in der Erziehung, wie sie Hitler propagierte: jedes Kind sei eine Art Schlachtfeld, auf dem ihm seine ursprünglichen Triebe ausgetrieben werden müssen.

>*Der innere Feind, der mit dem Fremden identisch ist, ist jener Anteil im Kind, der verwirkt wurde, weil Mutter oder Vater oder beide ihn verwarfen, weil sie das Kind Ablehnung und Strafe erleben ließen, wenn es auf seiner eigenen und wahren Sicht bestand.«*

GRUEN 22

Die Ablehnung des Eigenen und der Hass auf das Eigene schon in der Kindheit führen dazu, dass ein Mensch den Hass nach außen wendet. Und so braucht er den Fremden als Feind, damit er seine eigene Identität finden kann. Wer als Kind das Eigene verleugnen musste, ersetzt seine Identität durch Leistung und Anerkennung und durch seine soziale Rolle. Doch wenn durch eine gesellschaftliche Krise diese Identitätsmerkmale beziehungsweise deren Wertigkeit bedroht sind, erlebt man den alten Terror, den man als Kind erlebt hat: den

»Terror der Ohnmacht, des Ausgeliefertseins
und der Scham«.

GRUEN 24

Gerade Krisenzeiten führen dann dazu, dass die innere Not und der Druck, diesen alten Schrecken zu entkommen, so groß werden,

»dass man sie nur noch mit verstärkter Energie abwehren
kann. Dies geschieht, indem das Eigene, das ja Auslöser des
inneren Terrors ist, in äußeren Fremden gesucht und bekämpft
wird«.

GRUEN 24

Wir erleben heute, dass viele Menschen durch die Umbrüche und den Wandel in unserer Gesellschaft, welche dazu führen, dass Werte und Traditionen infrage gestellt werden, mit all dem konfrontiert sind, was sie bei sich selbst unterdrückt haben. Das Eigene, das sie durch ihre Erziehung als das Fremde von sich abgespalten haben, begegnet ihnen in den vielen Fremden wieder. Und es löst Angst in ihnen aus. Sie erleben, um mit Arno Gruen zu sprechen, den Terror der Ohnmacht, den sie als Kind erlebt haben. Sie konnten sich nicht wehren gegen das, was ihnen von außen eingetrichtert worden ist. Und so versuchen sie heute, diesem Terror der Ohnmacht zu entfliehen, indem sie mit Gewalt auf diese Ohnmacht reagieren, um sich mächtig zu fühlen. Doch die Gewalt ist nur ein Ausdruck der Angst vor ihrer eigenen Ohnmacht und vor der Begegnung mit all den verdrängten Bedürfnissen und Wünschen. Die Gewalt ist Reaktion auf den verdrängten Schatten.

Der Fremde als Schatten (C. G. Jung)

Die andere Theorie, die uns die Angst vor dem Fremden und den Fremdenhass erklärt, ist das Schattenmodell nach C. G. Jung. Er geht davon aus, dass in jedem Menschen immer zwei Pole vorhanden sind: Liebe und Aggression, Vertrauen und Angst, Selbstwertgefühl und Minderwertigkeitsgefühl, Glauben und Unglauben, Stärken und Schwächen, Gesundes und Krankes, Gelebtes und Ungelebtes. Das, was der Mensch von diesen Polen nicht annimmt, weil es seinem eigenen Selbstbild nicht entspricht, gerät dann in den Schatten der eigenen Person, wird somit zum »blinden Fleck« in unserem Selbstbild. Als solcher wirkt er sich oft genug destruktiv auf den Menschen aus.

Der Schatten kommt beispielsweise zum Vorschein, wenn ein ganz freundlicher und angepasster Mann plötzlich einen Wutanfall bekommt. Da wird die ganze verdrängte Wut auf einmal sichtbar. Sie war immer schon in diesem Menschen, denn jeder braucht auch die Aggression als Lebensenergie. Doch das Selbstbild des ausschließlich freundlichen Menschen verdrängt zunächst einmal die Wut. Sie wird sich dennoch irgendein Loch, irgendein Ventil suchen, um sich auszudrücken. Häufig tut sie es dann auf zerstörerische Art und Weise.

Ich als Mensch nutze dann nicht die Wut als aggressive Kraft, die etwas zuwege bringt, sondern die Wut hat mich in der Hand, sie beherrscht mich und zerstört mein eigenes Selbstbild. Ein anderes Beispiel: Wenn ich mein eigenes Minderwertigkeitsgefühl verdränge, dann lebe ich es aus, indem ich andere kleinmache und sie erniedrige. Mit dem Erniedrigen anderer erhoffe ich mir, der Angst vor meiner eigenen Minderwertigkeit entfliehen zu können. Aber dieser Weg des Ausagierens ist zerstörerisch und schädlich – für mich und für andere.

Eine andere Weise, wie sich der verdrängte Schatten zeigt, ist die sogenannte Projektion. Ich sehe dann meine Wut nicht, sondern projiziere sie auf den anderen. Wenn also jemand in meiner Umgebung seinen Willen äußert, empfinde ich ihn sofort als einen wütenden und egoistischen Menschen. Das, was ich mir selbst verboten habe, sehe ich im anderen. Zur Projektion gehört zudem, dass ich das, was ich mir selbst verboten habe, im anderen bekämpfe. Wenn ich zum Beispiel vieles nicht gelebt habe, weil ich mich nie getraut habe, meine Gefühle zu zeigen oder meine Wünsche zu äußern, dann erinnert mich der Fremde, der seine Gefühle zum Ausdruck bringt, an meine eigenen ungelebten Gefühle. Um aber nicht an die verdrängten Gefühle in mir erinnert zu werden, muss ich die des Fremden entwerten oder gar als moralisch untragbar disqualifizieren.

Wenn wir durch die Brille dieses Modells auf das Thema Fremdenangst und Fremdenhass schauen, so können wir verstehen: Der Fremde zeigt oder spiegelt uns, dass in uns selbst viel Fremdes ist, das wir noch nicht kennen. Doch dieses Fremde macht uns Angst. Wir wollen es bei uns selbst nicht sehen. Manche Menschen aus anderen Ländern haben eine dunklere Hautfarbe als wir. Wenn wir Angst vor ihnen empfinden, deckt uns das auf, dass in uns auch manches Dunkle ist. Aber wir meinen, wir seien nur weiß, hell und klar.

Der Schatten, den wir verdrängen, kommt oft in unseren Träumen zum Vorschein. Träume, in denen wir von etwas oder von Menschen verfolgt werden, sind immer Träume von unserem Schatten. Es verfolgt uns das, was wir verdrängt haben. Wenn uns beispielsweise im Traum eine Frau verfolgt, dann ist es ein Bild für die *anima*, die weibliche Seite unseres Selbst, die wir in uns verdrängt haben. Verfolgt uns ein Mann, steht er für den *animus*, den männlichen Seelenanteil in uns. Manchmal ist es ein dunkler Mann, der im Traum vorkommt. Er will uns an all das Dunkle erinnern, das in uns ist.

Für C. G. Jung ist der Schatten immer auch eine Quelle der Lebendigkeit. Wenn wir mit ihm in Berührung kommen, wird unser Leben weiter, erfahren wir mehr über uns selbst. Das gilt auch für die Schattenträume. Jung schlägt daher vor, dass wir die Träume in der sogenannten aktiven Imagination weiterträumen. Wir können also im wachen Zustand unseren Verfolger fragen: »Was möchtest du von mir? Warum verfolgst du mich? Möchtest du mir etwas sagen?« Wenn wir auf die Antwort horchen, die in uns aufsteigt, werden wir vielleicht erfahren, dass der Verfolger uns helfen möchte, bewusster und angemessener zu leben. Er weist uns auf etwas hin, was wir bisher von unserem Leben ausgeschlossen haben.

Die Bibel ist voller Geschichten über diesen Schatten. Eine davon ist die wunderbare Erzählung Jesu über die beiden Söhnen und ihren barmherzigen Vater (Lukas 15,11–32). In uns gibt es den jüngeren Bruder, der einfach ausziehen und Abenteuer erleben möchte, der aus der Enge des Vaterhauses, in der die Sparsamkeit herrscht, ausbrechen möchte, um einfach zu leben. Aber in uns ist auch der ältere Bruder, der sich anpasst, der fleißig ist, seine Pflichten erfüllt. Der jüngere Bruder, der sich erlaubt, einfach auszubrechen und zu leben, erinnert den älteren an seine eigenen verdrängten Wünsche. Doch da er sich diese Wünsche nicht eingesteht, lehnt er seinen jüngeren Bruder ab. Er will kein Fest mit ihm feiern. Er distanziert sich von ihm. Und er projiziert seine eigenen unerfüllten Wünsche auf ihn.

In der Erzählung sagt Jesus nur, dass der jüngere Bruder »heillos« und »maßlos« gelebt hat. Doch der Ältere projiziert auch seine eigenen verdrängten sexuellen Wünsche in den jüngeren hinein. Er nennt ihn nicht mehr seinen Bruder, sondern

»dieser dein Sohn, der dein Vermögen mit Dirnen durchgebracht hat«.

LUKAS 15,30

Davon war im Gleichnis nicht die Rede. Hier finden wir also die Schattenprojektion des älteren Bruders, der offensichtlich seine Sexualität verdrängt hat und sie nun auf den jüngeren Bruder projiziert. Er liest in ihn all das hinein, was er sich selbst verboten hat. Der Vater umarmt den jüngeren Bruder und wendet sich auch dem älteren Bruder liebevoll zu. Das ist unsere Aufgabe: Als der Vater, als die Mutter in uns beide Seiten zu umarmen – die abenteuerliche und maßlose Seite und die pflichtbewusste und anständige Seite.

Verena Kast behandelt das Schattenthema im Sinne Jungs in ihrem Buch »Der Schatten in uns. Die subversive Lebenskraft«. Darin finde sich ein Kapitel mit der Überschrift: »Der Schatten als das Fremde«. Sie definiert das Fremde so:

»*Fremd ist uns etwas, das uns unbekannt und oft auch unheimlich ist, uns aber in einer unabweisbaren Art angeht.*«

KAST 52

Das Fremde kann das Verdrängte sein. Es kann aber auch uns bis dahin noch unbekannte Zukunftsmöglichkeiten unserer Seele aufzeigen. Unsere Aufgabe ist es, das Fremde in uns »einzugemeinden«, es in uns zu integrieren. Das Fremde fasziniert uns auf der einen Seite. Es zieht uns an. Es macht uns neugierig. Auf der anderen Seite ist es uns aber oft auch unheimlich. Die Faszination möchte uns in neue Lebensmöglichkeiten hineinführen. Wenn wir sie abwehren,

»*kommt das einem Entwicklungsstillstand gleich. Da wird das Leben wie eingefroren, da entsteht ein Zustand der Unlebendigkeit, der Depression, der Resignation und sehr oft einfach der Langeweile*«.

KAST 56

Als unheimlich erleben wir das Fremde immer dann, wenn unser Selbstwertgefühl gering ist. Wenn wir das Fremde als unheimlich erleben, erschrecken wir davor. Und wir sind in der Gefahr, es abzulehnen und zu verdrängen.

Im unheimlichen Fremden, so meint Verena Kast, begegnen wir einer Bedrohung. Und diese Bedrohung unseres Lebens hat letztlich immer mit der Bedrohung durch den Tod zu tun:

> »Im Fremden sehen wir oder erahnen wir letztlich auch den Tod als das ganz Fremde, das auf uns wartet.«
> KAST 58

Das Alte Testament sieht das Totenreich als Schattenreich an. Ähnlich deuteten es die Griechen. Doch der Tod ist nicht nur das, was uns am Ende unseres Lebens erwartet. Tod ist in der Jungschen Psychologie auch ein wichtiges Symbol für Wandlung: Unsere alte Identität muss sterben, damit wir mehr und mehr der oder die werden, die wir von unserem Wesen her sind. Oder theologisch ausgedrückt: Unsere alte Identität muss sterben, damit wir mehr und mehr das einmalige Bild werden, das Gott sich von uns gemacht hat. Wenn wir davon träumen, dass wir sterben, dann bedeutet das immer, dass etwas in uns sterben muss, damit wir einen Schritt auf unser wahres Selbst hin tun. So ist der Tod ein Symbol der Wandlung. Und:

> »Wandlung ist immer ein Risiko, wir müssen Vertrautes aufgeben und Neues, Fremdes auf uns zukommen lassen.«
> KAST 58

Das Fremde, das wir in unserer Seele erfahren, projizieren wir gerne auf fremde Menschen. Damit sind nicht nur die Ausländer gemeint, sondern alle Menschen, die uns an etwas erinnern, was uns fremd ist. Wenn diese Menschen weit weg sind, können wir das

Fremde gefahrlos auf sie projizieren. Das meint: Wenn wir von »den Ausländern« oder »den Flüchtlingen« sprechen und damit niemand bestimmtes meinen, sondern nur den Begriff nutzen, ist es leicht zu sagen: »Die Ausländer nehmen uns unsere Jobs weg. Die Flüchtlinge gefährden unsere Sicherheit.« Doch wenn sie in unsere Nähe kommen, ein menschliches Antlitz haben, dann brechen diese Projektionen zusammen. Der Angst vor dem Fremden nachzugeben, bedeutet jedoch:

»Wir fürchten die Identitätskrise, wir wollen den Anruf zur Entwicklung und Veränderung nicht aufnehmen, der sich dadurch ergibt.«
KAST 59

Der Fremde erinnert uns an das in uns, was wir nicht wahrhaben wollen. Wir haben Angst, uns von den Fremden infrage stellen zu lassen. Diese Angst hängt immer mit der Unsicherheit zusammen, die wir selbst in unserer Identität spüren:

»Die Angst vor dem Fremden sieht nicht das Neue, das sich im Fremden ankündigt, sondern das bedrohte Alte, das bedrohte Eigene, das, was wir uns nicht nehmen lassen möchten.«
KAST 60

Das Fremde begegnet uns nicht nur in den Fremden, in den Flüchtlingen. Es begegnet uns auch im Traum. Verena Kast zitiert zwei Forscherinnen, die festgestellt haben,

*»dass 44,1% aller Traumszenarien in einer Umgebung statt-
finden, die dem Träumer oder der Träumerin fremd ist. 24,6%
der in den untersuchten Träumen vorkommenden Menschen
sind Fremde«.*

KAST 60

Die Träume zeigen uns also, dass uns vieles in unserer Seele fremd
ist. In den Träumen taucht es dann auf. C. G. Jung meint, es sei
wichtig, das, was in den Träumen sichtbar wird, als Botschaft und
als Herausforderung zu verstehen. Die Traumszenarien in fremder
Umgebung und die vielen unbekannten Menschen, von denen wir
träumen, sind eine Einladung, das Fremde in uns anzuschauen und
es in unsere Identität zu integrieren. Wer Angst vor dem Fremden
hat, den erschrecken auch seine Träume. Doch wer ein gesundes
Selbstwertgefühl hat, dem gelingt es, das Fremde zu integrieren,
ohne das Gefühl der Kontinuität zu verlieren, der ist fähig, das Un-
gewohnte mit seiner gewohnten Identität zu verbinden,

*»und zwar so, dass das Gefühl, stets derselbe Mensch zu sein,
durch alle Veränderungen hindurch nicht verlorengeht«.*

KAST 61

Bisher haben wir nur vom persönlichen Schatten gesprochen, von
dem Schatten, den jeder Einzelne in sich trägt. Man kann das Kon-
zept von C. G. Jung jedoch auch auf die Gemeinschaft und auf die
Gesellschaft anwenden. So wie es den Schatten des Einzelnen gibt,
gibt es auch den Schatten einer Gemeinschaft. In den Orden habe
ich das oft erlebt. Wenn eine Gemeinschaft sich einer anspruchs-
vollen Spiritualität verschreibt, dann geraten die »primitiven« Sei-

ten in den Schatten. Man meint, man würde eine tiefe Spiritualität leben. Doch die Realität sieht ganz anders aus. Da werden die einfachen Bedürfnisse nach Essen und Trinken maßlos ausgelebt. Die Gemeinschaft merkt häufig gar nicht, dass sie in ihrem Miteinander gar nicht spirituell miteinander umgeht, sondern oft sehr banal agiert, unbewusst über andere redet und über deren mangelnde Spiritualität schimpft. Ein anderes Beispiel: Eine Gemeinschaft hat sich dem armen Jesus verschrieben, möchte ihm also in seiner Besitzlosigkeit nachfolgen. Dann zeigt sich der Schatten oft darin, dass sie sich arrogant über andere stellt, denen sie jede Spiritualität abspricht, und zudem oft recht unachtsam mit Geld umgeht. Sie merkt gar nicht, dass sie sich die Spiritualität des armen Jesus viel kosten lässt.

In diesem Sinn können wir auch auf die Gesellschaft schauen. Alexander und Margarete Mitscherlich wagten 1967 den Blick auf die Gesellschaft in ihrem Buch »Die Unfähigkeit zu trauern«. Sie haben erkannt, dass eine Gesellschaft, die das Dunkle in ihrer Vergangenheit nicht betrauert, innerlich erstarrt.

In der deutschen Nachkriegsgesellschaft geschah genau das, bis die Jungen in der 68-Revolution das Erstarrte entlarvt und aufgebrochen haben. Im Dritten Reich fühlten sich die Deutschen als die »Herrenmenschen« und nahmen nicht wahr, wie unmenschlich ihr Verhalten anderen Völkern gegenüber war. Diese »Herrenmenschen« wurden im Krieg zu Sklaven ihrer eigenen Brutalität. Da war nichts Reines mehr in ihrem Denken und Verhalten, sondern viel »Schmutz«, Dunkles, Böses, wenn man so will Verdorbenes, das man aber nicht wahrhaben wollte. Daher projizierte man alles Schmutzige auf andere Völker: auf die Juden, die Polen, die Russen.

Nach dem Krieg mussten viele schmerzlich erkennen, wie viel Unheil diese Schattenprojektion angerichtet hatte. Die Mentalität, sich als »Herrenmenschen« zu fühlen, war aus einem Gefühl der Minderwertigkeit entstanden, weil die Deutschen die Niederlage des Ersten Weltkriegs nicht aufgearbeitet hatten. Die Reaktion darauf aus dem Unbewussten heraus war, sich über andere zu stellen. Die Machtübernahme der Nationalsozialisten könnte man so als einen Aufstand der sich minderwertig Fühlenden betrachten. Die zuvor die Verlierer waren, die nichts galten, haben sich als mächtig aufgespielt.

Die Reaktion der Menschen in der Gesellschaft nach dem Ersten wie auch die nach dem Zweiten Weltkrieg zeigt, dass sie weder die Niederlage noch die Untaten und das Unrecht aufgearbeitet hatten. Die Verdrängung der Niederlage führte zu einer Ideologie von den »Herrenmenschen«. Und die Verdrängung der Untaten während des Zweiten Weltkriegs führte zu einer inneren Lähmung und Erstarrung der Gesellschaft. Sabine Bode hat in ihrem Buch »Nachkriegskinder« dargelegt, dass die Väter, die ihre Teilnahme an den Untaten des Zweiten Weltkriegs verleugneten, für ihre Kinder unerreichbar wurden. Sie versteckten sich hinter einer Fassade des Funktionierens. Und oft genug haben sie unbewusst die Brutalität, die sie verdrängt hatten, in der Erziehung der Kinder ausagiert.

Wie eine Gesellschaft auf Fremde reagiert, sagt immer etwas über ihren Zustand aus. In manchen rechten Kreisen kann man heute ein ähnliches Verhalten wie damals im Dritten Reich feststellen: Andere Menschen werden als minderwertig hingestellt, sie werden diffamiert und in ihrer Würde mit Füßen getreten. Das lässt darauf schließen, dass Anhänger dieser Gruppen ihre eigenen Minderwertigkeitsgefühle auf andere Menschengruppen projizieren.

Da sind die Fremden ein willkommenes Objekt, auf dem man all das abladen kann, was man an sich selbst nicht anschauen möchte. Manchmal erscheint mir der Fremdenhass eine Reaktion darauf zu sein, dass man das Unrecht des Dritten Reiches nicht betrauert hat. Es wurde verdrängt. Und eine Form der Verdrängung ist, in den Fremden, in den Muslimen, den Schwulen und Lesben, den irgendwie andersartigen Menschen die Totengräber unserer Gesellschaft zu sehen. In Wirklichkeit hat man die eigene Identität als deutsches Volk zu Grabe getragen. Man weiß nicht mehr, wer man als Deutscher ist. Deshalb muss man sich aufplustern und über andere stellen.

Jede Bewegung, die in einer Gesellschaft entsteht, sagt etwas über das aus, was bisher in dieser Gemeinschaft verdrängt wurde. Das Erstarken der rechten Bewegung zeigt, dass die vergangene Schuld noch nicht aufgearbeitet wurde. Es gab in der Nachkriegsgesellschaft bis hinein in die heutige Zeit häufig auch eine Tendenz, sich für alles, was geschehen ist und noch geschieht, schuldig zu fühlen. Doch wenn man sich an allem schuld fühlt, verdrängt man oft seine wirkliche Schuld. Wenn ich mich als Deutscher beispielsweise vor allen anderen Völkern schuldig fühle, merke ich gar nicht, dass ich mich auf andere Weise über alle anderen Völker erhebe. Wir versuchen als Deutsche, in politischen Dingen zum Musterknaben zu werden. Wir möchten durch wirtschaftlichen Erfolg die alte Schuld gleichsam abtragen. Aber wir haben uns der Schuld nicht wirklich gestellt. Die Fremden stören uns dann in der Art und Weise, wie wir uns mit der deutschen Vergangenheit arrangiert haben. Sie decken all das Verdrängte auf. Und dagegen wehren wir uns, indem wir das Deutschsein auf ähnliche Weise verherrlichen, wie es die Nazis uns vorgemacht haben. Wir merken gar nicht, dass wir die nicht aufgearbeitete Geschichte wiederholen und unsere verdrängten Schattenseiten auf die Fremden in unserer Gesellschaft projizieren.

Eine andere Art von Schatten zeigt sich im Fremdenhass. Nach der »Wende«, dem Ende der DDR, drängte der Westen dem Osten seinen Stil auf. Die »Wessis« waren die Besserwisser, die ihre wirtschaftlichen und politischen Methoden den Menschen im Osten aufzwangen. Dabei hat man die Gefühle und Befindlichkeiten der Menschen in Ostdeutschland nicht ernst genommen. Man war so überzeugt von den eigenen Ideen, so eingenommen von der eigenen Überlegenheit, dass man die Reaktionen der Menschen im Osten nur abgewertet hat:»Die sind undankbar, obwohl wir soviel Geld für sie bezahlt haben.« Viele haben diese Erfahrungen, erniedrigt worden zu sein, verdrängt. Jetzt taucht das Verdrängte wieder auf, in der Form, dass man andere Menschen, Fremde erniedrigt. Das lässt sich in allen Bereichen menschlicher Gemeinschaft beobachten: Wer kleingemacht wurde, braucht andere, die er selbst kleinmachen kann, damit er sich nicht als der Kleinste fühlt.

In der Polemik gegen den Islam zeigt sich ein weiterer Schattenaspekt: der des verdrängten religiösen Schattens. Viele Menschen in Deutschland haben in den letzten Jahrzehnten ihren christlichen Glauben aufgegeben, verdrängt oder aber nicht mehr gelebt. Gerade im Osten unseres Landes sind 80 Prozent der Bevölkerung nicht getauft, bezeichnen sich vielleicht sogar selbst als religionslos. Nun, da viele Muslime ihren Glauben öffentlich deutlich vertreten und leben, taucht der verdrängte Schatten auf. Weil man sich in seiner Position des nicht gläubigen Menschen nicht verunsichern lassen will, muss man den Glauben der anderen entwerten. Man projiziert also die eigene Religionslosigkeit auf die anderen. Natürlich gibt die radikalisierte Form des Glaubens mancher Muslime zu dieser Projektion allen Anlass. Aber wer in seinem Glauben fest steht, wer seine religiösen Wurzeln nicht verdrängt hat, der hat auch keine Angst vor einer möglichen Islamisierung. Er steht in seinem eigenen Glauben fest und kann daher ohne Angst mit Vertretern anderer Religionen in einen Dialog treten.

Erschrecken und Neugier

Von der Psychologie C. G. Jungs her ist es verständlich, dass wir auf das Fremde und die Fremden mit zwei verschiedenen Haltungen reagieren: mit Erschrecken und Neugier. Auf der einen Seite erschrecken uns die Fremden, denn sie erinnern uns an das Fremde in uns, das wir als bedrohlich erleben. In den Fremden bleibt uns manches fremd, und daher haben heute viele Menschen Angst, dass Menschen aus anderen Kulturkreisen die Werte und Normen, die in Deutschland gelten, nicht übernehmen und leben werden, wie zum Beispiel die Gleichberechtigung der Geschlechter oder die Achtung des Gesetzeskodexes, der nicht auf Rache, sondern auf Wiedergutmachung und Gerechtigkeit fußt, und daher mit dem Gesetzt in Konflikt geraten.

Wir dürfen diese Ängste nicht einfach überspringen. Sie verlangen einen angemessenen Umgang. Die erste Frage, die wir uns daher stellen sollten, ist: Sind die Ängste Ausdruck unserer Projektion? Haben wir Angst vor unseren eigenen archaischen Reaktionen? Haben wir Angst vor unserer eigenen Aggression, vor der eigenen Kriminalität? Die zweite Frage sollte sein: Ist es objektiv wirklich so, dass die Fremden krimineller sind, oder was sind die eigentlichen Ursachen, wenn Fremde kriminell werden? Ist die Erfahrung von Hoffnungslosigkeit oder Ablehnung nicht der Grund, dass manche Fremde sich das mit Gewalt holen, was sie rechtmäßig nicht bekommen? Oder sind es unrealistische Erwartungen an das Gastgeberland, die nicht erfüllt worden sind und die nun dazu führen, sich diese Illusionen selbst zu erfüllen? Sind es die Traumatisierungen, unter denen viele Flüchtlinge leiden? Wir Deutsche sollten uns daran erinnern, wie es vielen Heimkehrern aus der Kriegsgefangenschaft nach dem Zweiten Weltkrieg ergangen ist. Die meisten von ihnen waren traumatisiert: Sie zeigten eigenartige Verhaltensweisen, brausten beispielsweise sehr schnell auf, konnten keine Nähe zulassen. Manche passten sich an. Andere lebten anarchisch. Sie wollten sich von niemandem mehr etwas sagen lassen. Wenn manche Flüchtlinge ähnliche Verhaltensweisen zeigen, hängt das mit ihren traumatischen Erlebnissen in ihrem Heimatland oder auf der Flucht zusammen.

Die Antwort auf die zweite Frage sollte dann eine Herausforderung sein, die Ursachen der Kriminalität zu bekämpfen. Je besser Fremde in eine Gemeinschaft integriert sind, desto weniger Grund gibt es für sie, kriminell zu werden. Der wohl wichtigste Weg in der Integration ist die Bildung: Wenn junge Flüchtlinge in Betrieben eine Ausbildung erhalten oder in die Schule gehen können, dann trägt das wesentlich mehr zur Integration bei als moralische Appelle. In Bezug auf die Kriminalität ist es wichtig, die Realität genauer anzuschauen: Die Statistiken zeigen, dass Fremde nicht krimineller sind als Deutsche. Die Gründe für Kriminalität sind immer mangelnde Integration, frustrierende Erfahrungen, Zurückweisung, mangelnde familiäre Bindung. Und diese Gründe sind unter Fremden wie Einheimischen gleichermaßen zu finden.

Das Erschrecken vor dem Fremden verlangt also einmal nach psychologischen Einsichten, zum anderen aber auch nach gesellschaftlichen und politischen Lösungen. Wir müssen die Ängste ernst nehmen und uns fragen, wie eine Politik aussehen kann, die

die Ursachen für diese Ängste beseitigt. Absolut auflösen können wir diese Ängste nicht. Wir haben auch ohne die Flüchtlingsproblematik Angst vor Einbrechern, Angst, im Dunkeln allein durch bestimmte Straßen, bestimmte Gegenden zu gehen. Wir haben Angst vor Gewalt und Krieg, Angst, angepöbelt oder geschlagen zu werden. Unsere Aufgabe ist, mit diesen Grundängsten unserer menschlichen Existenz zu leben und uns von den Ängsten hin ins Vertrauen in das Leben führen zu lassen.

Von der Jungschen Psychologie her verstehen wir auch die zweite Reaktion auf die Fremden: die Neugier. Wir sind neugierig auf das Fremde in unserer Seele, auf das, was sich in uns entfalten möchte. Und wir sind neugierig auf die Fremden. Wir unterhalten uns gerne mit ihnen, um zu erfahren, wie sie leben, welche Werte ihnen wichtig sind, wie sie mit den Bedrohungen des Lebens, mit Krankheit und Tod umgehen. Das Gespräch mit ihnen ist oft spannend. Es bringt uns neue Einsichten. Wir müssen ihre Ansichten und Werte nicht übernehmen. Aber wir sind neugierig, wie Menschen aus anderen Kulturkreisen und anderen Religionen ihr Leben sehen und es bewältigen. Das neugierige Gespräch tut beiden Seiten gut. Es zeigt den Fremden, dass wir Interesse an ihnen haben, dass wir auf sie hören, dass wir sie achten. Und uns tut es gut, weil es unseren Horizont erweitert. Es macht uns offener, toleranter. Wir schauen nach dem Gespräch mit einem Fremden mit neuen Augen auf unser eigenes Leben.

Wer gerne in fremde Länder reist, der ist oft von der Neugier auf andere Kulturen getrieben. Der marokkanische Schriftsteller Tahar Ben Jelloun erklärt in einem Gespräch seiner zehnjährigen Tochter, was ein Fremder ist. Dazu zitiert er den französischen Schriftsteller

und Philosophen Montaigne, der seinen Landsleuten schon im 16.
Jahrhundert geraten hatte, zu reisen:

*»Für ihn (Montaigne) war Reisen das beste Mittel, um ›unser
Denken am anderen zu reiben und zu feilen‹. Denn wenn wir
uns mit anderen befassen, lernen wir auch uns selbst besser
kennen.«*
JELLOUN 25

Allerdings kommt es auf die Art des Reisens an. Es gibt Touristen,
die in fremden Ländern nur ihre eigenen deutschen Gewohnheiten leben, etwa beim Essen oder bei der Besichtigung von Sehens-
würdigkeiten. Sie lassen sich gar nicht auf die fremde Kultur ein.
    Für mich ist es faszinierend, eine andere Kultur kennenzuler-
nen. Ich bin neugierig, wie Menschen in Asien oder in Südamerika
leben. Ich probiere immer gerne, was dort jeweils gegessen wird.
Ich lasse mich auf die Gewohnheiten in der Fremde ein. Und ich
unterhalte mich gerne mit den Menschen. Eine mongolische Frau
kam einmal zu mir zur Beratung. Sie war keine Christin. Aber sie
hatte Probleme mit ihrem deutschen Freund. Und irgendjemand
hatte sie an mich verwiesen. Ich habe mich gerne mit dieser Frau
unterhalten. Ich wollte einfach wissen, wie eine Mongolin denkt
und fühlt, wie sie die Beziehung zu anderen Menschen erfährt, was
für sie Freundschaft bedeutet und wie sie uns deutsche Männer
erlebt. Und ich wollte wissen, was diese Frau, die keine Christin
war, bewegt, aus welchen Quellen sie lebt und was sie als Sinn ihres
Lebens sieht. Diese Neugier hat das Gespräch belebt. Ich wollte die
Frau nicht von meinem Glauben überzeugen. Aber natürlich habe
ich davon gesprochen, wie ich als Mönch lebe. Und sie war dafür

auch offen. Sie war voller Neugier zu erfahren, was einen Mann ins Kloster geführt hat.

Meine älteste Schwester ist schon als junges Mädchen gerne ins Ausland gereist. Sie hat 1955 ein Jahr als Au-pair in Frankreich verbracht, dann ein Jahr in Spanien und mehrere Jahre in Italien. Das hat ihr viele Freundschaften mit den Menschen in diesen Ländern geschenkt. Die Freunde und Freundinnen besuchten dann auch unsere Familie. Sie waren immer eine Bereicherung für uns. Schon als Kinder waren wir neugierig, wie eine Spanierin dachte und lebte. Mein Vater hat uns diese Offenheit vorgelebt. An Weihnachten lud er immer einen ausländischen Studenten zu uns ein, mal einen Pakistani, mal einen Inder, mal einen Vietnamesen. Er erkundigte sich jeweils im Piuskolleg – einem Studienkolleg für ausländische Studenten in München, von den Steyler Missionaren geführt –, ob er einen ausländischen Studenten zu Weihnachten einladen könne. Das war für uns Kinder sehr interessant. Diese Neugier und die Offenheit für das, was diese Fremden lebten, hat unsere ganze Familie seither geprägt. Meine Geschwister leben diese Offenheit weiterhin.

Integration – Die Heilung der Fremdenangst

Sowohl Arno Gruen als auch C. G. Jung beschreiben nicht nur das Phänomen des Fremden und unsere Reaktion darauf. Beide wollen uns auch Wege aufzeigen, wie wir mit dem Fremden und den Fremden umgehen können, wie wir angemessen auf das Fremde reagieren können. Beide schlagen dazu den Weg der Integration vor. Und dennoch setzen sie die Akzente jeweils anders.

Sehnsucht nach Liebe (Arno Gruen)

Für Arno Gruen hängt der Grund, warum ein Mensch Angst vor oder Hass auf Fremde hat, mit der Kindheit beziehungsweise dem Heranwachsen zusammen. Als Kind haben solche Menschen den Schmerz über die Frustrationen des Lebens nicht aushalten können und ihn dann an andere weitergegeben, auf Fremde übertragen. Im Extremfall stellt man sich vor, sie deshalb mit Gewalt ausrotten zu müssen. Daher stellt Arno Gruen die Frage, wie man Schmerz ertragen und wie man die Sehnsucht nach Liebe am Leben erhalten kann. Denn diese beiden Fähigkeiten bewahren uns davor, uns vom Hass bestimmen zu lassen (vgl. Gruen 196).

Für Gruen ist die Sehnsucht nach Zärtlichkeit ein wichtiger Weg, um sich aus dem Morast zu befreien, in den man als Kind geraten ist, weil man die Frustrationen des Lebens nicht aushalten

konnte und man den Schmerz verdrängen musste, den Schmerz
darüber, dass man das Eigene nicht lieben durfte und es als etwas
Fremdes von sich abspalten musste. Gruen hat die Hoffnung, dass
in jedem Menschen, auch in dem, der den Schmerz verdrängen
musste, ein Funke von Empathie übriggeblieben ist. Er vertraut
darauf, dass wir zu unserem mitfühlenden Selbst zurückfinden
können. Denn jeder von uns hat – wenn auch begrenzt – die Liebe
und empathische Zuwendung durch die Mutter erfahren. Wenn
wir zu diesem mitfühlenden Selbst zurückfinden, werden wir auch
fähig, den Schmerz anzunehmen und zu ertragen (vgl. Gruen 198).
Für Gruen spielt die Sehnsucht nach Zuwendung

>*eine wichtige Rolle bei der Entwicklung und Bewahrung un-
serer Menschlichkeit. Solange wir noch Sehnsucht nach Liebe
und Zuwendung spüren, ist nicht alles verloren*«.
GRUEN 198

Für Gruen haben die Dichter die Aufgabe, in uns die Sehnsucht
nach Liebe und Zuwendung aufrechtzuerhalten. Gedichte eröffnen
uns »den Zugang zu einer inneren Welt«, den Zugang zu unserer
Sehnsucht, die auf dem Grund unserer Seele in uns liegt. Gedichte und Romane, aber auch Lieder und Instrumentalmusik bringen
uns in Berührung mit der Sehnsucht nach Liebe, die in uns allen
schlummert. Daher ist für Gruen die Kunst, ganz gleich ob Musik,
Theater, Architektur, Malerei und Bildhauerei, eine wichtige Quelle, um mit unserer Sehnsucht nach Liebe in Berührung zu kommen. Je mehr wir das tun, desto stärker wird sich in uns Empathie
ausbreiten und desto fähiger werden wir, Schmerz wahrzunehmen
und auszuhalten. Beides aber – Empathie und Bereitschaft, sich den

Schmerzen zu stellen – sind für Gruen auch Voraussetzungen, dass wir mit dem Fremden und den Fremden liebevoll und empathisch umgehen. Gruen stellt fest, dass viele Menschen Angst vor wirklicher Nähe haben. Sie wollen den anderen lieber erobern, als ihm nahe zu sein. Doch nur wer die Nähe zulässt, vermag dem andern in echter Liebe zu begegnen. Und diese Bereitschaft zur Nähe

> »birgt in sich die Möglichkeit, sich wieder für den Schmerz
> zu öffnen. So bleiben wir in unserem Menschsein verankert
> und müssen den Schmerz nicht in anderen suchen und diese
> foltern und bestrafen«.
>
> GRUEN 200

Gruen geht auch auf die Frage ein, was wir dazu tun können. Auf der einen Seite plädiert er dafür, alles zu fördern, was Liebe gedeihen lässt. Auf der anderen Seite vertraut er darauf, dass wir auch in Kindern, die zu wenig Liebe erfahren haben, ihre Sehnsucht nach Liebe wecken können, damit so in ihnen neue Hoffnung aufkeimt.

Die andere Frage ist, wie wir mit Menschen und Gruppen umgehen sollen, die sich fremdenfeindlich äußern und agieren. Auch Gruen ist der Meinung, dass wir mit liebevoller Toleranz und verständnisvollem Entgegenkommen weder gewalttätige Rechtsradikale noch Neo-Nazis besänftigen können (vgl. Gruen 204). Die psychologische Forschung weiß, dass misshandelte Kinder

> »auf liebevolles Entgegenkommen mit Hass und Gewalt re-
> agieren«.
>
> GRUEN 204

Weder Liebe noch Hass und Gewalt sind geeignete Wege, mit Menschen umzugehen, die auf alles Fremde mit Hass reagieren. Besser ist es, im Umgang mit hasserfüllten Menschen konsequent zu sein und Grenzen zu setzen. Die Sprache der Liebe verstehen Menschen nicht, die keine innere Identität haben. Sie verstehen nur die Sprache der Konsequenz und der klaren Grenzen (vgl. Gruen 205). Der Rechtsradikale verachtet die, die ihm mit Liebe begegnen, weil er die Liebe hasst und die Sehnsucht nach Liebe verleugnet,

»weil er sonst zugeben müsste, dass er sie benötigt«.

GRUEN 206

Doch das vermag er nicht. Sonst würde sein eigenes Lebensgebäude zerbrechen. Er identifiziert sich lieber mit dem Aggressor und tut so, als ob die schlechte Liebe, die er von seinen aggressiven Eltern erfahren hat, eine gute Liebe gewesen wäre (vgl. Gruen 206).

Gruen sieht den Lösungsweg für unsere häufig fremdenfeindliche Gesellschaft darin,

»dem Drang nach Größe und Besitz Einhalt zu gebieten und Menschen stattdessen zu ihren wahren Möglichkeiten zurückzuführen, die mit Liebe, Zuwendung, Nähe und Zugang zum Schmerz in Zusammenhang stehen«.

GRUEN 214

Doch das ist weder einfach noch schnell realisierbar. Gruen hält es aber für das »Einzige, das dem fatalen Kreislauf ein Ende bereiten und einen gesellschaftlichen Zusammenbruch verhindern kann«. Denn nur so kann die Spaltung unseres Seins aufgehoben werden, die der Grund unserer Entfremdung und der Jagd nach Opfern ist.

»Im Prinzip gibt es nur zwei Welten – die des Lebens und die, die sich Zerstörung und Tod verschrieben haben.«

GRUEN 214

Der Weg, den Arno Gruen vorschlägt, ist also keine schnelle Lösung und auch kein politisch umsetzbares Programm. Es ist eher ein langer Weg, ein neues Bewusstsein zu schaffen und den Menschen zu zeigen, wie sie mit der Liebe, die auf dem Grund jeder Seele schlummert, in Berührung kommen können.

Es ist letztlich ein spiritueller Weg, den der Psychologe Arno Gruen hier vorschlägt. Denn das Wesen der Spiritualität besteht darin, die göttliche Quelle der Liebe auf dem Grund unserer Seele zu entdecken und daraus zu leben. Es ist der Weg, den Jesus uns weist und den sein Lieblingsjünger Johannes uns in seinem Evangelium vor Augen führt:

»Liebe Brüder, wir wollen einander lieben; denn die Liebe ist aus Gott, und jeder, der liebt, stammt von Gott und erkennt Gott. Wer nicht liebt, hat Gott nicht erkannt; denn Gott ist die Liebe.«

1 JOHANNES 4,7f

Aus den Ausführungen Arno Gruens wird aber auch klar, dass er diese Liebe nicht als eine romantische Liebe versteht. Indem wir durch die Annahme des Fremden in uns empathiefähig werden für die Fremden um uns, finden wir auch Wege, wie wir mit ideologisch geprägten Fremden wie Einheimischen umgehen können. Das heißt, hier braucht die Liebe auch die Kraft der Aggression, die Grenzen setzt. Nur wenn die Menschen in unserer Liebe auch die Kraft entdecken, die darin steckt, werden sie sich von dieser Liebe langsam verwandeln lassen. Das ist jedoch sicher ein mühsamer und kein einfacher und leicht zu gehender Weg.

Die Annahme des Schattens (C. G. Jung)

Im Abschnitt über den Schatten als das Fremde ist schon angeklungen, dass es darum geht, diesen Schatten zu integrieren, das Fremde in uns anzunehmen und es als Herausforderung zu nehmen, dass etwas Neues in uns wachsen kann. Die Frage ist, wie diese Annahme des Schattens gelingen kann. Manche haben Angst vor dem Schatten, weil sie meinen, dessen Annahme würde dazu führen, dass sie ihre eigenen Ideale verraten müssten oder dass sie nicht mehr so gut wären, wie sie sich das immer vorgenommen haben. Doch den Schatten anzunehmen heißt nicht, ihn auszuleben. Für Jung ist der Schatten eine Quelle von Lebensenergie. Den Schatten zu integrieren bedeutet daher für ihn, die Einseitigkeit des Bewusstseins aufzuheben und die menschliche Seele wieder an die Quelle des Unbewussten anzuschließen, aus der sie schöpfen kann.

Den Schatten anzunehmen, das verlangt verschiedene Schritte. Der erste Schritt besteht darin, ihn zu erkennen. Für C. G. Jung sind es vor allem drei Wege, wie das gelingen kann. Der erste erschließt sich mir über meine empfindlichen Reaktionen. Wenn ich also empfindlich auf jemanden oder etwas reagiere, sollte ich mich fragen, warum ich so übertriebe reagiere. Spricht der andere meinen verdrängten Schatten an?

Wenn ich auf eine Kritik übermäßig empfindlich reagiere, weist das auf eine Wunde in mir hin, die noch nicht geheilt ist, mit der ich mich noch nicht ausgesöhnt habe. Eine übertriebene Reaktion lädt mich ein, nach meinen eigenen inneren Empfindlichkeiten zu schauen. Warum bin ich da so verletzlich? Welche Verletzung oder Kränkung wird da in mir angesprochen?

Der zweite Weg lässt mich aufmerksam werden in Bezug auf mein Reden über andere. Wenn ich andere vehement verurteile, sollte ich mich fragen: Verurteile ich im anderen das, was ich mir selbst verboten und daher verdrängt habe? Ich kann mich selbst beobachten, über wen ich besonders gerne rede, über welche Fehler ich mich entrüste. Dann kann ich mich fragen, ob diese Entrüstung nicht auf eigene verdrängte Schattenseiten hinweist. Hermann Hesse sagte einmal: »Was nicht in uns ist, das regt uns auch nicht auf.« Wenn ich mich sehr über einen anderen Menschen aufrege, zeigt mir das immer, dass ich auf etwas in mir stoße, das ich nicht angenommen habe. Wir können uns beobachten und uns deutlich machen: Was wir über andere reden, ist eigentlich eine Aussage über uns selbst. Wir reden zwar über den anderen, in Wirklichkeit aber über uns selbst und all das, was wir bei uns verdrängt haben.

Der dritte Weg macht uns aufmerksam auf unsere Träume. Ich habe weiter oben schon dargelegt, dass Verfolgungsträume immer Schattenträume sind. Es verfolgt mich das, was ich verdrängt habe, was ich in den Schatten abgeschoben habe. Aber der Schatten wird auch in anderen Träumen sichtbar. Der Traum deckt die nicht zugelassene Seite in mir auf. Er zeigt zum Beispiel manchmal meine aggressiven oder chaotischen Seiten. Es ist dann wichtig, das, was der Traum mir zeigt, Gott hinzuhalten und zu sagen:»Das bin ich auch. Verwandle du das, was da in mir aufgetaucht ist, durch dein Licht und deine Liebe.«

Der nächste Schritt, auf den Schatten angemessen zu reagieren, besteht darin, mir meine Schattenseiten einzugestehen. Das Eingeständnis, dass ich nicht nur fromm bin, sondern auch gottlos, dass ich nicht nur glaube, sondern auch zweifle, dass ich nicht nur liebevoll bin, sondern auch aggressiv, dass ich nicht nur genügsam und asketisch bin, sondern auch gierige Seiten in mir habe, verlangt Demut. Demut heißt im Lateinischen *humilitas*. Es kommt von humus = Erde. Demut ist also der Mut, hinabzusteigen in das Schattenreich meiner Seele und mir einzugestehen, dass all diese Anteile, die ich bei anderen verurteile, auch in mir sind.

Der nächste Schritt wäre ein Gespräch mit meinem Schatten. Ich frage meine Schattenseiten, was sie mir sagen wollen. Oft weisen sie mich darauf hin, dass ich bisher zu einseitig gelebt habe. Ich habe beispielsweise versucht, nur meinen Verstand zu entwickeln, und dabei die Gefühle vernachlässigt. Das hat mich dazu gebracht, in der Schule und im Studium große Leistungen zu vollbringen. Vielleicht habe ich auch versucht, immer freundlich und liebevoll zu den Menschen zu sein. Das hat mich beliebt gemacht bei vielen. Aber jetzt spüre ich, dass mich das einseitig Rationale von meinen Gefühlen abschneidet und dass mein liebevolles Verhalten dazu geführt hat, dass ich mich überfordert habe oder dass ich von anderen ausgenutzt worden bin.

Doch ich darf jetzt nicht das Kind mit dem Bade ausschütten. Das meint: Ich würdige zunächst, was ich bisher gelebt habe. Es war gut. Es hat mich innerlich weitergebracht. Aber es war einseitig. Jetzt ist es an der Zeit, auch den anderen Pol zuzulassen. Das bedeutet aber nicht, ihn nun genauso einseitig zu leben wie ich es mit dem anderen Pol bisher getan habe. Ich soll ihn vielmehr befragen, wie er mein bisheriges Verhalten verwandeln möchte. Die Aggression, die ich in mir spüre, will mich einladen, besser auf meine Liebe zu achten: Wo werde ich in meiner Liebe blind, sodass ich ausgenutzt werde? Wo sollte ich mich besser abgrenzen? Das verdrängte Gefühl will mich vielleicht auch einladen, meine emotionale Seite mehr zuzulassen. Wenn ich allerdings Menschen, die ihre Gefühle verdrängt haben, einlade, sie zuzulassen, antworten sie oft mit Unverständnis und Unvermögen. Sie sagen, dass sie gerne Gefühle hätten, dass sie sie aber gar nicht spüren können. Ich kann das verdrängte Gefühl nicht herbeizaubern. Aber ich kann in mich hineinspüren: Was fühle ich in mir? Und wenn ich nur Leere in mir spüre, dann ist das auch ein Gefühl. Vielleicht entdecke ich dann hinter der Leere eine tiefe Sehnsucht nach Lebendigkeit und Fülle des Lebens.

Das Gespräch mit dem Schatten zeigt mir oft schon Wege auf, wie ich ihn integrieren kann. Der letzte Schritt, den Schatten anzunehmen, wäre dann, einen Weg zu finden, wie ich ein neues Gleichgewicht finde zwischen dem, was ich bisher gelebt habe, und dem Schatten, den ich bisher verdrängt habe. Das wird mir nie auf Anhieb oder aus reiner Willenskraft gelingen. Es ist auch kein statisches Gleichgewicht, das ich anstreben sollte, sondern ein fließendes Gleichgewicht. Ich weiche die starre bisherige Haltung auf, ersetze sie aber nicht durch eine neue steife Haltung, sondern entwickle ein neues Selbstbild: das Bild eines Menschen, der im Fluss ist. Zum Bild des Flusses braucht es jedoch auch das Bild der Festigkeit und des Halts. Wir können nicht nur fließen, sonst zerfließen wir. Wir brauchen ein Fundament, auf dem wir stehen können. Wir brauchen eine klare Identität. Dann können wir beide Pole leichter zulassen. Und dann haben wir das Vertrauen, dass das fließende Gleichgewicht uns nicht auflöst, sondern zu einer lebendigen Identität führt.

Für C. G. Jung ist das Kreuz das treffendste Symbol für die Annahme des Schattens. Es steht einmal in seiner Form für das Umarmen meiner Gegensätze. Jesus sagt von sich im Johannesevangelium:

»Vom Kreuz herab werde ich alle an mich ziehen.«
JOHANNES 12,32

Das Kreuz ist also ein Bild für das Umarmen. Zugleich ist es ein Bild für die Einheit aller Gegensätze. So kann ich die Schattenintegration durch die Gebärde des Kreuzes einüben. Ich kreuze die Arme über der Brust und umarme in dieser Gebärde die Gegensätze in mir: das Starke und das Schwache, das Gesunde und das Kranke, den Verstand und das Gefühl, das Liebevolle und das Aggressive, die Disziplin und die Disziplinlosigkeit, meine Genügsamkeit und meine Gier, mein Vertrauen und meine Angst, meinen Glauben und meinen Unglauben, das bisher Gelebte und das Fremde. Wenn ich die Gegensätze in mir umarme, ergänzen sie sich gegenseitig. Wenn ich zum Beispiel meinen Unglauben umarme, dann vertieft er meinen Glauben und reinigt ihn von der Gefahr der Rechthaberei. Wenn ich ihn jedoch verdränge, muss ich ihn in anderen bekämpfen. Menschen mit fundamentalistischen Ansichten haben häufig ihren Unglauben verdrängt. Deshalb müssen sie die in ihren Augen Ungläubigen entwerten und im äußersten Fall auch gewaltsam töten. Der Unglaube der anderen verunsichert.

Vor dieser Verunsicherung haben viele Angst, weil sie ihr ganzes Lebensgebäude ins Wanken bringt.

Wenn ich dagegen den Unglauben in mir umarme, wird er mich toleranter und weiter machen. Und er zwingt mich, mich immer wieder zu fragen: Was glaube ich denn eigentlich? Was ist Gott für mich? Was heißt das, dass Gott Mensch geworden ist? Was erhoffe ich, wenn ich einmal sterbe? Der umarmte Unglaube hält meinen Glauben lebendig.

Doch das Kreuz ist für C. G. Jung nicht nur das eher zärtliche Bild der Umarmung. Es bedeutet für ihn auch Konflikt. Sich mit seinen Gegensätzen anzunehmen, bedeutet immer auch einen Konflikt. Es ist schmerzlich, das, was ich bisher verdrängt habe, in mir zu-zulassen. So wie Jesus am Kreuz mit ausgebreiteten Armen hängt, so hängt der Mensch auch am Kreuz seiner Gegensätze. Er kann diesen Gegensätzen nicht entrinnen. Sie verlangen einen inneren Kampf. Und das Kreuz bedeutet Leiden. Nach Jung ist jeder Schritt auf dem Weg fortschreitender Bewusstwerdung nur durch Leiden zu erkaufen. Das Leiden ist das Tor, durch das der Mensch treten muss, will er sich seiner selbst bewusst werden. Das Leiden rührt vor allem daher, dass der Mensch sich in seiner Gegensätzlichkeit annehmen muss, die ihn manchmal zu zerreißen droht. Wer sich auf den Weg zur Ganzwerdung begibt, der erfährt, wie er von inne-ren Gegensätzen durchkreuzt wird, durch den Gegensatz von Licht und Dunkel, von Gut und Böse, von bewusst und unbewusst, von männlich und weiblich. Jung schreibt:

»Wer immer sich auf dem Wege zur Ganzheit befindet, kann jener eigentümlichen Suspension, welche die Kreuzigung dar-

stellt, nicht entgehen. Denn er wird unfehlbar dem begegnen,
was ihn durchkreuzt, nämlich erstens dem, was er nicht sein
möchte (Schatten), zweitens dem, was nicht er, sondern der
andere ist (individuelle Wirklichkeit des Du), und drittens
dem, was sein psychisches Nicht-Ich, nämlich das kollektive
Unbewusste ist.«

JUNG, GW 16, 280

Weil der Mensch von Gegensätzen hin- und hergerissen wird, ist er sich selbst ein Kreuz, kann er dem Kreuz als Leiden nicht ausweichen. Aber wenn er sich vom Kreuz einladen lässt, sich mit dem eigenen Schatten, mit der Fremdheit des Fremden und mit dem kollektiven Unbewussten, an dem seine Seele auch teilhat, auszusöhnen, dann wird der Mensch reif, weit, tolerant und weise. Und er spürt in sich einen tiefen inneren Frieden, der alle Angst auslöscht.

In diesem Sinn versteht Jung auch die Aufforderung Jesu, dass wir unser Kreuz auf uns nehmen sollen. Wir sollen unser eigenes Kreuz tragen und nicht meinen, wir könnten das Kreuz Christi tragen:

»Das Kreuz Christi wurde von ihm selber getragen und war
sein eigenes. Sich unter ein fremdes und schon getragenes
Kreuz zu stellen, ist sicherlich einfacher, als sein eigenes Kreuz
unter dem Spott und der Verachtung seiner Umwelt zu tragen.
Man bleibt ja dabei schönstens in der Tradition und wird als
fromm gelobt. Das ist wohlorganisiertes Pharisäertum und
äußerst unchristlich. Nur wer im Sinn und Geist Christi lebt,
ist christlich.«

JUNG, BRIEFE II, 290

Wer wagt, sein eigenes Leben zu leben, so wie es Christus getan hat, der stößt wie Christus mit Sicherheit auf das Kreuz, das er selbst ist, und auf das Kreuz seiner harten Alltagswirklichkeit.

Das Kreuz ist für den Menschen Führer auf seinem Weg zur Individuation. Es bringt ihn auf diesem Weg der Verwandlung voran und ist ein Bild für den schmerzlichen Durchgang, ohne den es keine Verwandlung gibt. Es steht am Ende des Weges als Bild für das Ziel, für die Ganzheit und Vollständigkeit, die uns dort erwarten. Denn das Kreuz zeigt dem Menschen die Möglichkeit auf, die Gegensätze in sich zu vereinen. Jung versteht das Kreuz als Symbol der Einheit aller Gegensätze. Im Kreuzungspunkt der Balken, in der Mitte des Kreuzes kommt alles Gegensätzliche im Menschen zur Ruhe. Hier findet er zu seiner eigenen Mitte. Das Kreuz verbindet im Menschen das Bewusste mit dem Unbewussten, es macht das Unstete fest und ermöglicht dem Menschen inmitten aller Konflikte einen festen Stand. Als Symbol der Ganzheit schützt es uns auf dem Weg der Selbstwerdung vor zwei Gefahren: vor der Verdrängung und vor der Inflation, das heißt, das Kreuz schließt auch das Dunkle, den Schatten mit ein. Das Kreuz anzunehmen heißt daher auch, das Dunkle in sich zu bejahen und sich mit dem eigenen Schatten auszusöhnen. Das Kreuz protestiert aber andererseits auch gegen jede Selbstüberschätzung, gegen die Inflation der Selbstanmaßung. Inflation heißt, dass der Mensch sein Ich mit Gott identifiziert. Jung unterscheidet das Ich und das selbst. Das Ich will immer imponieren, sich beweisen, sich in den Mittelpunkt stellen. Und das Ich ist in Gefahr, sich mit zu großen Bildern aufzublähen. Das Selbst dagegen beschreibt die innere Mitte des Menschen. Das Kreuz ist Symbol des Selbst. Das Selbst verbindet in sich das Bewusste und

Unbewusste. Im Selbst begegnen wir auch dem Bild Christi in uns. Aber wir identifizieren uns nicht mit dem Bild Christi. Daher wird ein Christ nie sagen: »Ich bin Christus«, sondern nur:

»Ich lebe, aber nicht mehr ich,
sondern Christus lebet in mir.«

JUNG, BRIEFE II, 621

Der Christ weiß, dass er nur der »Stall« ist, in dem der Herr geboren wird, wie Jung es nennt, ein Ort, an dem das Licht Gottes leuchtet und die Dunkelheit erhellt.

C. G. Jung hat in seiner Beschreibung des Kreuzes als Weg zur Selbstwerdung vor allem den einzelnen Menschen im Blick. Doch wir könnten seine Gedanken auch auf die Gesellschaft hin weiterführen. Auch da ginge es darum, die Schattenseiten, die in jeder heftigen Reaktion in der Gesellschaft auf ein Ereignis oder einen Zustand zum Vorschein kommen, anzuschauen und zu integrieren. Wenn eine Vereinigung wie Pegida mit solchem Hass arbeitet und Ängste vor den Fremden schürt, dann taucht darin eine Schattenseite der Gesellschaft auf, die verdrängt worden ist. Man hat auf dem Weg zu einer funktionierenden Gesellschaft die Ängste und tieferen Sehnsüchte der Menschen vergessen oder ignoriert. Man meinte, durch Bedürfnisbefriedigung könne man eine friedliche Gesellschaft aufbauen. Doch das ist ein Irrtum. Nur wenn die tiefer sitzenden, oft unbewussten Sehnsüchte einer Gesellschaft nach Frieden, Sicherheit und Ordnung wahrgenommen werden, macht man sich auf den Weg zu einer reifen Gesellschaft. Alles, was momentan an extremen Bewegungen und Vereinigungen beobachtbar ist, weist auf verdrängte Schattenseiten in der Gesellschaft hin.

Das Kreuz wäre der Weg, in der Gesellschaft die verschiedenen Pole und Erwartungen miteinander zu versöhnen. In meinen Kursen bitte ich die Teilnehmer oft, mit mir die Kreuzgebärde zu vollziehen. Wir stehen aufrecht und halten die Arme waagerecht in Schulterhöhe nach rechts und links. Wenn ich längere Zeit so stehe, dann spüre ich meine Arme. Es kann schmerzen. Aber ich fühle zugleich eine große innere Freiheit. Ich habe das Gefühl, dass ich die ganze Welt umarme, dass nichts Kosmisches mir fremd ist. Alles, was im Kosmos ist, ist auch in mir. Das kann ich mir auch auf die Gesellschaft hin gedeutet vorstellen: Alles, was in der Gesellschaft an Bewegungen und Tendenzen zu finden ist, ist auch in mir. Wenn ich all das umarme, kommt es in mir zur Versöhnung. Die Kreuze, die beispielsweise als Gipfelkreuze die Berge zieren, könnten so ein Hoffnungssymbol sein, dass die Gegensätze in unserer Gesellschaft überbrückt werden. Aber es braucht Demut, um sich einzugestehen, dass der Hass, den viele so offen zeigen, auch in mir ist. Wenn ich ihn umarme, verwandle ich den Hass in Kraft, die aufbaut, anstatt zu zerstören. Aber das ist kein schneller Trick, sondern ein langer Wandlungsweg, auf den ich mich einlassen muss. Dieser Wandlungsweg ist oft schmerzlich, denn er verlangt absolute Ehrlichkeit mir selbst gegenüber.

Meditation:
Das Kreuz und das Fremde

Nicht nur C. G. Jung hat über das Kreuz nachgedacht. Die Kirchenväter haben immer wieder das Kreuz meditiert als ein Zeichen, das die Gegensätze miteinander verbindet: Himmel und Erde, Gott und Mensch, Geist und Materie, Licht und Dunkel, Mann und Frau. Das Kreuz ist für die Kirchenväter ein Einheitssymbol. Schon in der Bibel finden wir Ansätze zu einer Meditation des Kreuzes. Ich möchte die Meditation herausgreifen, die der Epheserbrief uns anbietet. Der Autor erinnert die Heiden daran, dass sie als Unbeschnittene den Juden fremd waren:

»*Damals wart ihr von Christus getrennt, der Gemeinde Israels fremd (griechisch: xenoi) und von dem Bund der Verheißung ausgeschlossen; ihr hattet keine Hoffnung und lebtet ohne Gott in der Welt. Jetzt aber seid ihr, die ihr einst in der Ferne wart, durch Christus Jesus, nämlich durch sein Blut in die Nähe gekommen. Denn er ist unser Friede. Er vereinigte die beiden Teile und riss durch sein Sterben die trennende Wand der Feindschaft nieder ... Er stiftete Frieden und versöhnte die beiden durch das Kreuz mit Gott in einem einzigen Leib ... Ihr seid also nicht mehr Fremde (xenoi) ohne Bürgerrecht, sondern Mitbürger der Heiligen und Hausgenossen Gottes.*«
EPHESER 2,11–19

In dieser Meditation stehen sich die Juden und Heiden gegenüber. Die Heiden sind hier die Fremden. Sie sind auch Gott fremd. Durch das Kreuz werden aber aus Fremden Mitbürger der Heiligen und Hausgenossen Gottes. Sie werden »eingemeindet«. Das Kreuz ist ein Bild für die Versöhnung von Fremden und Einheimischen, von Juden und Heiden. Es könnte auch heute für uns ein Bild der Versöhnung sein. Der Epheserbrief sagt über das Kreuz, dass es die Scheidewand, die die Menschen voneinander trennte, niedergerissen hat. Die Liebe, mit der Jesus auf den Hass der Mörder reagiert hat, hat die Trennwand eingerissen, die die Menschen voneinander schied. Jetzt werden die Juden und Heiden, die Juden und Griechen und die vielen anderen Völker, die als Heiden galten, durch das Kreuz zu einem einzigen Leib. Hier verweist der Autor auf eine alte gnostische Vorstellung, dass die Menschen, die getrennt und einander fremd geworden sind, durch Christus zu einem einzigen Menschen werden. Und vielleicht spielt auch der griechische Mythos eine Rolle, dass der Mensch ursprünglich einer war, ein Kugelmensch, in dem Mann und Frau miteinander verbunden waren. Die Menschen haben sich voneinander getrennt. Die Geschlechter haben sich bekämpft und die Völker haben sich gegenseitig bekriegt. Das Kreuz, so meint der Epheserbrief, hat alle Menschen wieder zu einem einzigen Menschen gemacht. Wenn alle in der Tiefe eins sind, dann können sie sich nicht mehr gegeneinander stellen. Das ist eine wunderbare Verheißung, die uns heute Hoffnung schenken könnte, dass auch zwischen uns die trennende Scheidewand niedergerissen wird. Das Kreuz ist die Einladung, alle Menschen miteinander zu versöhnen, die Hoffnung, dass die vielen Menschen zur einen Menschheit werden, dass sie sich alle füreinander verantwortlich fühlen, weil sie sich in der Tiefe eins fühlen.

Wenn ich auf das Kreuz schaue, erkenne ich schon in der äußeren Form die Möglichkeit, alle Gegensätze miteinander zu verbinden. Doch wenn ich die biblischen Erzählungen über den Tod Jesu am Kreuz meditiere, dann bekommt die Verbindung der Gegensätze noch einmal eine andere Bedeutung. Das Kreuz war zur Zeit Jesu die grausamste Todesstrafe, die üblich war und Verbrechern und Verrätern vorbehalten. Am Kreuz tobt sich die Brutalität der Menschen aus, zum Beispiel die der römischen Soldaten, die damals oft aus der Fremde kamen und deshalb besonders grausam den Juden gegenüber waren. Zugleich sehe ich am Kreuz die Vollendung der Liebe, von der das Johannesevangelium schreibt. Das Kreuz als der Ort der größten Grausamkeit ist zugleich der Ort einer Liebe, die stärker ist als aller Hass dieser Welt. Und das Kreuz als Ort des größten Leids ist zugleich der Ort der Verherrlichung Jesu. So sieht es das Johannesevangelium. Verherrlichung meint, dass am Kreuz die Herrlichkeit, der Glanz Gottes am klarsten aufleuchtet. Auf dem Hintergrund menschlicher Finsternis leuchtet das Licht der göttlichen Liebe stärker und erhellt alle Dunkelheit.

Was im Epheserbrief grundgelegt ist, das haben die Kirchenväter in ihren Meditationen weiter entfaltet. So heißt es in einem frühchristlichen Text (den apokryphen Andreasakten), der das Geheimnis des Kreuzes preist:

>*»Du bist festgerammt in der Welt, um das Unstete zu befestigen. Und du reichst bis in den Himmel, um den von oben kommenden Logos anzuzeigen. Du bist ausgebreitet zur Rechten und zur Linken, auf dass du die furchtbare feindliche Macht in die Flucht jagst und die Welt zusammen bringst. Und du*

bist in der Erdentiefe festgefügt, damit du das, was auf der
Erde und unter der Erde ist, mit dem Himmel verbindest.«

ZIT. NACH RAHNER 83f

Auch Johannes Chrysostomus betont in seinen Predigten immer
wieder, dass das Kreuz den durcheinandergeratenen Kosmos wie-
der ins Lot gebracht hat. Wenn ich auf dem Hintergrund des Epheserbriefes und der
Aussagen der Kirchenväter das Kreuz meditiere, dann wächst in mir
die Hoffnung, dass es auch heute die aus den Fugen geratene Welt
wieder in Ordnung bringt, dass da mitten im Chaos ein Symbol
der Versöhnung und Verbindung aufscheint, dass auch in unserer
zerrissenen Welt Friede möglich ist. In mir wächst die Hoffnung,
dass die Brutalität, die wir heute in den Terrorakten oder im Bürgerkrieg in Syrien und an vielen anderen Orten der Welt sehen und
die auch in den hasserfüllten Aktionen der Rechtsradikalen deutlich
wird, von der Liebe, die am Kreuz bis zur höchsten Vollendung
gelebt wird, aufgesaugt und entmachtet wird, dass Versöhnung
zwischen Fremden und Einheimischen, zwischen Juden und Griechen, zwischen Christen und Muslimen, zwischen Gläubigen und
Atheisten, zwischen Linken und Rechten, zwischen den zerstrittenen
Gruppierungen unserer Gesellschaft möglich wird. Das Kreuz ist
ein Hoffnungszeichen, dass die Liebe stärker ist als der Hass und
dass Versöhnung auch in unserer unversöhnten Welt möglich ist.
Das Kreuz stellt schon in seiner äußeren Form eine Gebärde der
Einladung dar. Wenn ich mich mit ausgebreiteten Armen hinstelle,
so wie Christus am Kreuz die Arme ausgebreitet hat, dann heiße
ich alle Menschen willkommen. In dieser Gebärde kann ich mir
vorstellen, dass ich auch die Fremden umarme und das Fremde, das

mir in ihnen begegnet. Die Gebärde kann mir helfen, dann auch im Alltag das Fremde zu umarmen. Immer wenn ich in mir Angst vor dem Fremden und vor den Fremden spüre, kann ich mich an die Gebärde des Kreuzes erinnern und mir vorsagen: Das, wovor ich Angst habe, das ist auch in mir. Ich umarme es. Das macht mich innerlich weit. Und diese Weite, die ich in der Gebärde spüre, werde ich dann auch im konkreten Umgang mit den Fremden leben können. Der angstfreie Umgang mit den Fremden wird aus meiner inneren Erfahrung heraus wachsen und nicht weil er mir von christlichen Theologen vorgeschrieben wird.

Gastfreundschaft

In der Antike

Das Alte Testament erzählt uns schöne Geschichten über Gastfreundschaft. Eine davon ist die über Abraham, der unter der Eiche von Mamre drei Fremde begrüßt. Er nimmt sie auf und bewirtet sie. Und sie beschenken ihn, indem sie seiner Frau Sara ein Kind verheißen (Genesis 18). Die spätere Tradition hat diese drei Männer als Engel dargestellt und darin ein Bild für die Dreifaltigkeit Gottes gesehen. Die Darstellung dieser zentralen Szene der Gastfreundschaft zeigt, dass der, der Fremde aufnimmt, selbst beschenkt wird. Es sind nicht nur die Gespräche, die Abraham reicher machen. Ihm wird auch noch ein Sohn verheißen. Seine Frau wird fruchtbar. Das ist ein schönes Bild: Die Aufnahme von Fremden kann uns selbst befruchten, sodass Neues in uns heranwächst. Abraham nimmt die Fremden nicht auf, weil er davon profitieren will. Gerade weil er sie gastfreundlich aufnimmt, ohne Nebenabsichten, wird seine Gastfreundschaft belohnt: Seine Beziehung zu Sara wird wieder lebendig, sie ist von ihrer Unfruchbarkeit befreit und gebiert einen Sohn, der die Verheißungen, die Abraham gegeben wurden, weiterträgt in die Zukunft.

Eine andere Geschichte wird von den Kirchenvätern immer wieder zitiert: Lot nimmt die zwei himmlischen Boten in sein Haus auf und schützt sie vor den zudringlichen Bewohnern der Stadt, die die Fremden sexuell missbrauchen möchten. Die Bewohner von Sodom wollten mit den Fremden sexuell verkehren. Lot setzt sich für sie ein. Er ist sogar bereit, den aufgebrachten Leuten von Sodom als Ersatz seine beiden Töchter anzubieten. So heilig ist ihm die Gastfreundschaft, dass er sogar seine eigenen Kinder nicht schont. Doch die Bewohner gehen nicht darauf ein. Sie beschimpfen Lot. Er ist ja selbst Fremder in dieser Stadt, erst vor einiger Zeit hinzugezogen. Sie schreien ihn an:

»*Mach dich fort! … Kommt da so ein einzelner Fremder daher und will sich als Richter aufspielen! Nun wollen wir es mit dir noch schlimmer treiben als mit ihnen.*«

GENESIS 19,9

Der, der sich für die Fremden einsetzt, ist für die Bewohner von Sodom selbst ein Fremder. Und sie wollen ihn angreifen. Doch die beiden Engel strecken ihre Hand aus und schlagen alle, die die Tür zum Haus aufbrechen wollen, mit Blindheit.

Die Geschichte zeigt, wie heilig die Gastfreundschaft für die frommen Juden war. Die Bewohner von Sodom, die dagegen verstoßen, werden bestraft. Ihre Stadt fällt in Schutt und Asche. Das Schicksal der Stadt soll den Menschen aller Zeiten eine Mahnung sein, die Gastfreundschaft heilig zu halten. Lot, der gastfreundliche Mann, wird gerettet. Die Engel führen ihn aus der Stadt, die dem Verderben ausgeliefert ist.

Hier ist es ein Fremder, der Fremden Gastfreundschaft gewährt. Auch solche Beispiele kennen wir, dass Fremde, die bei uns heimisch geworden sind, besonders offen sind für die Flüchtlinge, die aus ihrer Not zu uns kommen, weil sie oft das gleiche Schicksal erfahren haben wie die Flüchtenden.

Ein anderes Beispiel für Gastfreundschaft ist die Witwe von Sarepta, die trotz äußerster Armut nicht zögert, den Propheten Elias in ihr Haus zu führen und ihn mit dem Wenigen, das sie besitzt, zu bewirten (1 Könige 17). Sie gibt alles, was sie hat, dem Fremden. Und plötzlich bekommt sie mehr, als sie jemals hatte. Sie wird von der Hungersnot befreit, die um sie herum herrscht. Gastfreundschaft wird belohnt. Aber die Witwe ist nicht gastfreundlich, um belohnt zu werden, sondern weil ihr die Gastfreundschaft heilig ist.

Ähnlich ist es mit der Sunamitin, die Elisäus an ihren Tisch lädt und ihren Mann bittet, ihn in seinem Haus wohnen zu lassen. Auch sie tut es aus reiner Gastfreundschaft. Doch sie wird damit belohnt, dass sie nach Jahren der Unfruchtbarkeit einen Sohn gebiert (2 Könige 4).

Ein weiteres Beispiel: Hiob kann sich rühmen, dass bei ihm nie ein Fremder draußen schlafen musste und dass seine Tür den Reisenden immer offen stand (Hiob 31,32).

Ägypten galt als das Land großer Gastfreundschaft. Seit den ältesten Zeiten gehörte es zur Religion und zur Kultur Ägyptens, den Fremden aufzunehmen. Schon im Jahr 1400 vor Christus mahnt Anii, ein ägyptischer Pharao:

»Iss nicht Brot, wenn ein anderer Mangel leidet und du ihm nicht die Hand mit dem Brote reichst.«

RAC 1073

Doch in der Zeit, in der die griechische Kultur aufblühte, also etwa zwischen 500 und 300 vor Christus, herrschte in Ägypten eine entgegengesetzte Politik. Man misstraute den Fremden und sie werden vom Land ferngehalten. In der griechischen Literatur stand daher Ägypten im Ruf der Fremdenvertreibung (RAC 1074). Doch in der islamischen Zeit, also unmittelbar nach Mohammeds Tod, setzte sich die Gastfreundschaft auch in Ägypten wieder durch. Die Griechen schätzten Gastfreundschaft sehr hoch. Sie galt ihnen als eines der Hauptkriterien,

»an denen man edles, vornehmes Wesen erkennt«.

RAC 1083

Gastfreundschaft gewähren nicht nur die Reichen, sondern auch die Armen. So erzählt Homer vom gastfreundlichen Sauhirten Eumaios. Oft werden die Armen in solchen Erzählungen dann beschenkt. Denn unbekannterweise nehmen sie im Gast einen Helden auf. So nimmt der Hirt Molorchos den Helden Herakles auf und die hochbetagte Frau Hekale nimmt einen vom Regen durchnässten Jüngling auf, der sich dann als König Theseus zu erkennen gibt. Philemon und Baucis, das arme Ehepaar, nehmen in den armen Bettlern die Götter Zeus und Hermes auf und werden reichlich belohnt.

Die griechische Hochachtung der Gastfreundschaft fand auch bei den Römern ihre Fortsetzung. Hier wurde sie nun auch philosophisch begründet. Für die Peripatetiker gehört es zur Menschenfreundlichkeit, ein echter Freund der Freunde, der Gäste und des Schönen zu sein (RAC 185). Die Stoiker sahen die Gastfreundschaft (*philoxenia*) als wichtige Tugend an. Cicero plädiert dafür, dass ein vornehmer Römer sein Haus geräumig bauen solle, damit er zahlreiche Gäste aufnehmen könne. Er denkt dabei nicht nur an die Freundschaft zu fremden Menschen, die durch die Gastfreund-

schaft entsteht, sondern auch an die politische Wirkung der Gastfreundschaft. Cicero meint:

> »Für jemanden, der mit ehrbaren Mitteln politischen Einfluss
> zu gewinnen wünscht, ist es von unschätzbarem Vorteil, durch
> seine Gastfreunde in auswärtigen Staaten Einfluss und Be-
> ziehungen zu haben.«

Ungastlichkeit ist also für Cicero ein Verstoß gegen die Menschlichkeit, gegen die *humanitas*. Auch als Christen können wir von
dieser stoischen Haltung den Fremden gegenüber lernen. Nicht
nur unser Glaube, sondern allein schon unsere Menschlichkeit verpflichtet uns dazu, Fremde aufzunehmen.

Im Christentum

Im Neuen Testament erzählt uns vor allem Lukas, der sein Evangelium der griechischen Denkweise entsprechend schreibt, dass Jesus als der göttliche Wanderer immer wieder als Gast eingekehrt ist bei den Menschen. Jesus lässt sich als Gast vom Zöllner Levi einladen und isst und trinkt mit den Zöllnern und Sündern, die von den Pharisäern ausgegrenzt wurden als Menschen, mit denen man nichts zu tun haben wollte (Lukas 5,27–32). Als die Pharisäer sich darüber aufregen, antwortet Jesus:

>*»Nicht die Gesunden brauchen den Arzt,*
>*sondern die Kranken.«*
>LUKAS 5,31

Der Gast wird so zum Arzt für die Gastgeber. Von ihm geht etwas Heilendes aus. Jesus lässt sich auch von einem Pharisäer zum Essen einladen. Dort zeigt eine Frau den Eingeladenen, wie Gastfreundschaft eigentlich aussehen sollte. Jesus hält das Verhalten der Frau dem Pharisäer als Vorbild vor Augen:

>*»Als ich in dein Haus kam, hast du mir kein Wasser zum Waschen der Füße gegeben; sie aber hat ihre Tränen über meinen Füßen vergossen und sie mit ihrem Haar abgetrocknet. Du hast mir keinen Kuss gegeben; sie aber hat mir, seit ich hier*

bin, unaufhörlich die Füße geküsst. Du hast mir nicht das
Haar mit Öl gesalbt; sie aber hat mir mit ihrem wohlriechen-
den Öl die Füße gesalbt.«

LUKAS 7,44-46

Frauen gehörten ebenso zu den Menschen, die von den Pharisäern ausgegrenzt wurden. Eine Frau wird in dieser Erzählung zum Vorbild, was Gastfreundschaft angeht. Gastfreundschaft vollzieht sich mit Liebe und Zärtlichkeit, sie drückt sich aus im Kuss des Friedens und in der Fußwaschung, die dem Gast guttut.

Jesus lädt sich selbst ein, als er den Zachäus auf dem Baum sieht:

»Zachäus, komm schnell herunter! Denn ich muss heute in
deinem Haus zu Gast sein.«

LUKAS 19,5

Wenn Jesus Gast ist, dann beschenkt er den Gastgeber mit seiner Lehre. Als er bei Zachäus ist, sagt er, dass seinem Haus Heil geschenkt worden ist. Das griechische Wort *soteria* meint Befreiung, Rettung, Heil und Heilung, Bewahrung. Durch Jesus als Gast erfährt der Gastgeber die Heilung seiner Gier. Jetzt kann er die Hälfte seines Vermögens den Armen geben. Und Zachäus findet durch die Begegnung mit dem Gast zu sich selbst. Das meint das Wort *soteria* im Sinne von Bewahrung: Jesus schenkt dem Gastgeber wahres Menschsein, wahres Selbstsein, und er rettet ihn von dem falschen Schein, in dem Zachäus bisher lebte.

In der Apostelgeschichte erzählt uns Lukas, wie sich durch Gastfreundschaft die Botschaft von Jesus Christus ausbreiten konnte:

Petrus ist zu Gast bei Simon, dem Gerber. Von dort geht er zu Kornelius und wird bei einem Heiden, einem Fremden, Gast. So kann sich der christliche Glaube auch unter den Heiden ausbreiten. Paulus wird von der Purpurhändlerin Lydia in sein Haus aufgenommen. In Korinth wohnt er bei dem Ehepaar Aquila und Priszilla. Er bleibt dort lange Zeit. Eigentlich wird er als Gast immer vom Gastgeber versorgt. Aber hier arbeitet Paulus in seinem angestammten Beruf als Zeltmacher, weil Aquila das gleiche Handwerk ausübt. So breitet sich der Glaube in der frühen Kirche aus, weil die Boten Jesu immer wieder als Gäste aufgenommen worden sind.

Jesus begründet die zentrale Stellung der Gastfreundschaft in seiner Botschaft damit, dass er selbst im Fremden aufgenommen wird (Matthäus 25,35). Das gilt für jeden Fremden. Für die Boten Jesu jedoch gilt sogar noch mehr:

> »Amen, amen, ich sage euch: Wer einen aufnimmt, den ich sende, nimmt mich auf; wer aber mich aufnimmt, nimmt den auf, der mich gesandt hat.«
> JOHANNES 13,20

Jesus hat seinen Jüngern genau vorgeschrieben, wie sie die Gastfreundschaft in den Dienst ihrer Mission stellen: Sie sollen nichts mitnehmen, weder Geldbeutel, noch Vorratstasche und auch keinen Wanderstab, um sich gegen wilde Tiere zu wehren, ja nicht einmal Schuhe. Sie sollen ganz und gar der Botschaft trauen, die sie verkünden und in deren Kraft sie Kranke zu heilen vermögen. Und sie sollen der Gastfreundschaft trauen. Jesus gibt ihnen auch vor, wie sie sich als Gast benehmen sollen:

»Wenn ihr in ein Haus kommt, so sagt als erstes: Friede diesem Haus! Und wenn dort ein Mann des Friedens wohnt, wird der Friede, den ihr ihm wünscht, auf ihm ruhen, andernfalls wird er zu euch zurückkehren. Bleibt in diesem Haus, esst und trinkt, was man euch anbietet; denn wer arbeitet, hat ein Recht auf seinen Lohn. Zieht nicht von einem Haus in ein anderes!«

LUKAS 10,5-7

Die Regel, nicht in ein anderes Haus zu ziehen, entspricht der Sitte griechischer Gastfreundschaft, denn es wäre eine Beleidigung des Gastgebers, wenn man sich ein anderes Haus aussuchen würde, das vielleicht komfortabler ist.

Paulus mahnt die Römer:

»Helft den Heiligen, wenn sie in Not sind, gewährt jederzeit Gastfreundschaft.«

RÖMER 12,13

Hier bleibt die Gastfreundschaft auf die Glaubensgenossen beschränkt. Ähnlich sieht es der Verfasser des 1. Petrusbriefs, der die Christen auffordert:

»Seid gastfreundlich untereinander, ohne zu murren.«

1 PETRUS 4,9

Die Mahnung, sie sollten nicht murren, zeigt, dass Gastfreundschaft manchmal auch beschwerlich sein konnte. Man wusste nicht, wen

man als Gast beherbergt. Der Hebräerbrief zeigt, dass die, die Gastfreundschaft gewähren, selbst beschenkt werden:

> *»Vergesst die Gastfreundschaft nicht; denn durch sie haben*
> *einige, ohne es zu ahnen, Engel beherbergt.«*
>
> HEBRÄER 13,2

Mit diesem Wort spielt der Hebräerbrief auf Abraham und Lot
an, die beide Engel aufgenommen hatten. Aber diese Worte zeigen
auch, dass Gastfreundschaft immer etwas Numinoses an sich hat.
Erich Gräßer, ein evangelischer Theologe und Professor für Neues
Testament, sagt zu diesem Vers: Die Gastfreundschaft entspringe

> *»der Furcht vor dem Geheimnisvollen und den magischen*
> *Kräften, die der Fremde mit sich bringt, weil man ihn nicht*
> *kennt. Die freundliche Aufnahme ist der Versuch, solche*
> *Kräfte zu neutralisieren. Schließlich weicht die Furcht der*
> *Hoffnung, dass die Gäste Segen ins Haus bringen.«*
>
> GRÄSSER 349

Der Hebräerbrief greift diese alte Tradition auf, gibt ihr aber eine
neue Bedeutung: In der Gastfreundschaft machen wir eine Erfahrung der himmlischen Welt. Da treten Gottes Boten in unser Haus.
So spüren wir den Segen Gottes in den Engeln, die er zu uns sen-
det. Diese Erfahrung, dass im Gast Engel uns besuchen, kommt
in zahlreichen Märchen zum Ausdruck. Und wir dürfen auch heute die Erfahrung machen, dass der Gast zum Engel werden kann,
zu einem Boten, der uns auf etwas Wesentliches hinweist. So hat
schon Benedikt den Gast gesehen. Er schreibt in seiner Regel da-

von, dass der Abt damit rechnen solle, dass Gott ihm gerade diesen Gast geschickt habe, der ihn auf etwas Wesentliches hinweise und ihm die Augen öffne für das, was im Kloster schieflaufe (Regel Benedikts 61,4).

Die Hochschätzung der Gastfreundschaft, die uns in der Bibel begegnet, finden wir auch in der frühen Kirche wieder. Die Christen, die reisen mussten, um die Botschaft Jesu zu verkünden oder auch um persönliche Geschäfte zu erledigen, wurden immer freundlich von anderen Christen aufgenommen und bewirtet.

Gregor von Nazianz meinte:

»Gastlich ist, wer sich bewusst bleibt,
selbst ein Gast zu sein.«

Ambrosius verkaufte sogar goldene Messkelche, um das Geld den Armen und Fremden zu geben. Augustinus übernahm die Verpflichtung des Bischofs, sein Haus für Fremde zu öffnen. Er betonte, dass wir uns selbst immer als Fremde fühlen sollten:

»Der Fremde, den wir aufnehmen, ist unser Weggefährte,
denn wir sind auf Erden alle nur Pilger. Der ist ein Christ, der
erkennt, dass er auch im eigenen Hause und in seiner Heimat
ein Fremder ist.«

Die Gastfreundschaft der Bischöfe haben vor allem die Mönche geübt und verstärkt. Evagrius Ponticus nennt den Fremden die »Augensalbe Gottes«:

»Wer sich um sie kümmert, wird bald das Licht wiedererlangen.«

Die Gastfreundschaft, die das Mönchtum schon so früh hochschätzte, fand seine Vollendung in der Regel Benedikts.

Meditation zum Kapitel 53 der Regel Benedikts: Von der Aufnahme der Gäste

Benedikt beginnt sein Kapitel über die Aufnahme der Gäste mit den Worten:

>»Alle Fremden, die kommen, sollen aufgenommen werden wie Christus; denn er wird sagen: ›Ich war fremd, und ihr habt mich aufgenommen.‹ Allen erweise man die angemessene Ehre, besonders den Brüdern im Glauben und den Pilgern.«
>
> REGEL BENEDIKTS 53,1f

Mit Fremden sind also nicht nur Christen gemeint, sondern alle möglichen Menschen, die an die Pforte des Klosters klopfen. Jeder Fremde soll wie Christus aufgenommen werden. Denn in den Fremden begegnen die Mönche Christus selbst. Die Haltung des Mönches dem Fremden gegenüber ist vor allem die Demut. Und diese Demut drückt sich in der Gebärde des Niederfallens aus:

>»Man verneige sich, werfe sich ganz zu Boden und verehre so in ihnen Christus, der in Wahrheit aufgenommen wird.«
>
> REGEL BENEDIKTS 53,7

Das klingt für uns heute etwas übertrieben. Und wir können es auch nicht wörtlich befolgen. Aber die Haltung der Demut und der Ehrfurcht und des Glaubens, dass im Fremden wirklich Christus aufgenommen wird, sollte auch heute für uns leitend sein im Umgang mit den Fremden. Wir sollen den Fremden nicht auf den ersten äußeren Eindruck hin festlegen, sondern durch das Äußere hindurchsehen auf den Grund seiner Person. In diesem Grund ist seine göttliche Würde. Christus im Bruder oder in der Schwester ist ein Symbol für eine Wirklichkeit, die man nur in Bildern beschreiben kann. Man könnte sagen: Jeder hat einen göttlichen Kern, jeder ist Bruder oder Schwester Jesu Christi, jeder hat durch die Menschwerdung Gottes in Jesus Christus eine göttliche Würde bekommen. Und wenn ich einen Fremden aufnehme, habe ich mit Christus zu tun. Ich nehme Christus selbst in mein Haus auf. Ich werde durch Christus beschenkt. Die frühe Kirche hat das am Beispiel von Martin aufgezeigt, der dem fremden Bettler seinen halben Mantel reicht. In der Nacht erfährt er dann im Traum, dass er Christus selbst seinen Mantel geschenkt hat.

Die Mönche sollen sich jedoch nicht einfach an die Fremden anpassen. Vielmehr sollen sie sie hineinnehmen in das, was ihnen heilig ist:

»Hat man die Gäste aufgenommen, nehme man sie mit zum Gebet; dann setze sich der Obere zu ihnen oder ein Bruder, dem er es aufträgt. Man lese dem Gast die Weisung Gottes vor, um ihn im Glauben zu erbauen.«
REGEL BENEDIKTS 53,8F

Erst danach zeige man ihm alle Menschenfreundlichkeit (*omnis humanitas*), meint Benedikt. Die Aufnahme der Fremden ist für ihn also zuerst ein spiritueller Akt. Aber dieser Akt des Glaubens muss verbunden sein mit einem Akt der Menschlichkeit, der Humanität. In der Menschlichkeit dem Fremden gegenüber drückt sich der Glaube an seine göttliche Würde aus. Für Benedikt ist es der Glaube, der zu einem humanen Verhalten gegenüber den Menschen führt. Dieses Verhalten ist geprägt von Ehrfurcht. Die Ehrfurcht verzichtet darauf, in den anderen einzudringen. Sie lässt ihn in seinem Geheimnis stehen. Romano Guardini sah in der Ehrfurcht ein wesentliches Kennzeichen von Kultur: Nur dort, wo ich in Ehrfurcht vor dem Menschen, aber auch vor der Schöpfung stehen bleibe, ohne sie vereinnahmen zu wollen, beginnt wahre Kultur.

Benedikt spricht sogar davon, dass im Fremden Christus angebetet wird. Doch die Mönche werden auch dazu ermahnt, mit dem Gast zu beten, bevor man ihnen den Friedensgruß entbietet. Georg Holzherr, der ehemalige Abt des Klosters Einsiedeln, kommentiert diese Vorschrift so:

>»Bei aller herzlichen Zuvorkommenheit für die Gäste darf die Unterscheidung der Geister nie fehlen, denn man will im Gast Christus im Kloster aufnehmen und nicht Illusionen nachgehen, für welche die Mönche anfällig sein könnten.«*
HOLZHERR 258

Doch wenn durch das Gebet eine spirituelle Atmosphäre geschaffen worden ist, sollen der Abt und die Mönche dem Fremden die Füße waschen, nach Jesu Vorbild seinen Jüngern gegenüber. Dazu sollen sie den Psalmvers singen:

>»Wir haben, o Gott, deine Barmherzigkeit aufgenommen inmitten deines Tempels.«*
PSALM 48,10; REGEL BENEDIKTS 53,14

Das ist eine eigenartige Deutung der Aufnahme eines Fremden. In ihm nehmen die Mönche die Barmherzigkeit Gottes auf. Indem sie dem Fremden die Füße waschen, erfahren sie selbst gemeinsam mit den Fremden die Barmherzigkeit Gottes, die jetzt unter ihnen weilt und sie mit dem Fremden verbindet.

Benedikt nennt neben diesen spirituellen Hinweisen auch ganz konkrete Regeln, wie die Fremden aufgenommen und bewirtet werden sollen:

> »Abt und Gäste sollen eine eigene Küche haben; so stören die Gäste, die unvorhergesehen kommen und dem Kloster nie fehlen, die Brüder nicht.«
>
> REGEL BENEDIKTS 53,16

Benedikt möchte, dass die Mönche den Gästen mit großer Achtung begegnen. Doch zugleich will er das abgeschiedene Leben der klösterlichen Gemeinschaft schützen. Man soll sich von den Gästen nicht verweltlichen lassen, sondern sie in den heiligen Bereich des Klosters einführen, damit sie dort einen spirituellen Nutzen erfahren. Benedikt schützt auf der einen Seite die Identität der Mönche. Auf der anderen Seite verlangt er von ihnen Offenheit den Fremden gegenüber. Diese Offenheit gehört wesentlich zum Kloster. Ein Zeichen für ein gutes Kloster ist, dass »die Gäste dem Kloster nie fehlen«. Dieses Miteinander von Offenheit und zugleich Schutz der eigenen Identität könnte auch heute für unsere Gesellschaft ein gutes Modell für die Gastfreundschaft gegenüber Fremden sein: Wir nehmen die Gäste freundlich auf, ohne unsere eigene Identität zu verlieren.

Herausforderungen
für heute

Entwicklung einer Fremdenethik

Schon im Jahr 1993 hat Michael Langer ein Buch herausgegeben mit dem Titel »Wir alle sind Fremde. Texte gegen Hass und Gewalt«. Das Buch war als ein Signal gegen den Fremdenhass gemeint, der sich damals vor allem gegen Asylbewerber richtete und in Anschlägen in Rostock, Mölln und Solingen einen erschreckenden Ausdruck fand. Michael Langer hatte einige Theologen und Seelsorger, Bischöfe und Politiker, in diesem Buch etwas gegen den Fremdenhass zu schreiben, und in den Artikeln der Theologen und Bischöfe wiesen diese auf die christliche Tradition der Gastfreundschaft hin und predigten gegen den Hass, den sie bei vielen wahrnahmen. Sie forderten zudem eine neue »Fremdenethik«, also einen Leitfaden, wie wir in Zukunft mit Fremden umgehen sollten. Ich möchte die Anregungen, die Johann Baptist Metz in Hinsicht darauf gegeben hat, aufgreifen. Er ist der Ansicht, dass ohne eine Fremdenethik und eine neue Kultur der Empfindlichkeit gegenüber den Fremden »ein Miteinander der unterschiedlichen Kulturwelten auf Dauer nicht gelingen« kann (Langer 63). Er nennt drei biblische Imperative, die für eine Fremdenethik von entscheidender Bedeutung sind (Langer 63).

1. Aufwachen, die Augen öffnen

Das Christentum soll eine Schule des Sehens sein. Der Glaube ist für Metz

>*eine Ausstattung der Menschen mit wachen Augen – mit Augen für die anderen, die in unserem alltäglichen Gesichts-kreis zumeist unsichtbar bleiben«.*

LANGER 63

Im Gegensatz zur fernöstlichen Mystik lehrt Jesus

>*keine Mystik der geschlossenen, nach innen gewendeten Augen, er lehrt vielmehr eine Mystik der offenen Augen«.*

LANGER 63

Jesus rechnet damit, dass die Menschen ihre Augen lieber verschließen, dass sie »sehen und doch nicht sehen«. In seinen Gleichnissen versucht er daher, den Menschen die Augen zu öffnen, damit sie die Wirklichkeit der Welt wahrnehmen. Mit provozierenden Sätzen öffnet er unsere Augen für die Menschen in unserer Umgebung. Metz zitiert den jüdischen Philosophen Hans Jonas, der diese Ethik des Sehens so formuliert hat: »Sieh hin und du weißt.« Wer hinsieht, der kann nicht über die Not der Menschen hinwegsehen. Wer sieht, muss auch handeln.

Eine Mystik des Sehens hat vor allem der Evangelist Johannes verkündet. Für ihn heißt Glauben: sehen, tiefer sehen, im Menschen Jesus den Sohn Gottes sehen. Doch der Glaube, der sich vor allem im richtigen Schauen auf den Menschen Jesus verwirklicht, meint immer auch ein neues Schauen auf den Menschen. Das hat Johannes in seinem Brief häufig betont:

> »Wenn jemand sagt: Ich liebe Gott, aber seinen Bruder hasst, ist er ein Lügner. Denn wer seinen Bruder nicht liebt, den er sieht, kann Gott nicht lieben, den er nicht sieht.«
>
> 1 JOHANNES 4,20

Wer in die Schule des Sehens geht, in die uns Johannes einlädt, der sieht in jedem Menschen etwas Göttliches. Und daher kann er Gott nicht lieben, ohne zugleich den Menschen zu lieben, der an seiner Seite ist, dessen Not er nicht übersieht, sondern mit wachen Augen anschaut.

2. Du sollst dir kein Bildnis machen

Dieses biblische Gebot bezieht sich nicht nur auf unser Verhältnis zu Gott, sondern auch zu den Mitmenschen:

> »Du sollst den anderen nicht mit Vorurteilen begegnen, du sollst nicht projizieren, du sollst nicht ›übertragen‹.«
>
> METZ ZITIERT IN LANGER 64

Wir sind immer in Gefahr, uns vom anderen ein konkretes Bild zu machen und ihn auf dieses Bild festzulegen. Metz formuliert in Bezug auf diesen zweiten Impuls ähnliche Fragen wie jene, auf die wir bei Arno Gruen und C. G. Jung schon gestoßen sind:

»Könnte es sein, dass wir das Fremde in uns selbst, das, worin wir uns selbst unheimlich sind, das Feindliche und Bedrohliche in uns auf ihn übertragen, dass wir zu seinen Lasten uns selbst entlasten? Könnte es sein, dass wir in ihm das ablehnen, was wir in uns selbst verdrängen? Könnte es sein, dass wir das Fremde in uns selbst nicht wahrhaben wollen und es deshalb auf die Fremden projizieren? Ist Fremdenhass am Ende projizierter Selbsthass?«*

LANGER 64

Wir können kaum vermeiden, dass wir den Fremden zunächst mit bestimmten Vorurteilen begegnen. Sie tauchen in uns auf, bevor wir denken. Das geht uns in jeder Begegnung so: Ich trete in einen Raum und nehme die Menschen wahr, die dort sind. Unwillkürlich bildet sich in mir ein bestimmtes Bild vom anderen. Das kann ich nicht verhindern. Aber es ist meine Aufgabe, auf diese spontanen Bilder zu verzichten und den anderen mit wachen und neuen Augen anzuschauen.

Ich soll durch das Vorurteil hindurchsehen und in diesem Menschen das Geheimnis dieser einmaligen Person erahnen. Dieses Geheimnis werde ich nicht mehr mit einem Bild gleichsetzen. Es übersteigt alle Bilder. Ich bin offen für das Geheimnis des Menschen, genauso wie ich offen bin für das Geheimnis Gottes. Ich habe Bilder von Gott. Sonst könnte ich nicht über Gott sprechen. Aber zugleich muss ich wissen, dass Gott jenseits aller Bilder ist. Das gilt auch für den Menschen. Ob ich will oder nicht, ich mache mir Bilder von ihm. Sie bilden sich spontan. Aber ich muss wissen, dass das Geheimnis jedes einzelnen Menschen jenseits aller Bilder ist. Nur wenn ich die Bilder loslasse, die sich spontan in mir bilden, bin ich offen, dem Fremden so zu begegnen, dass er mir sein wahres Wesen zeigen kann.

3. Vergesst die Gastfreundschaft nicht!

Metz zitiert als dritten Imperativ das Wort aus dem Hebräerbrief, das wir oben schon meditiert haben. Er sieht darin eine

> »Erinnerung an die zumeist ungeahnte, kaum geschätzte Bedeutung der fremden anderen und ihrer Botschaft für uns. Fremde sind nicht Feinde, sondern – den Engeln darin gleich – Boten.«
>
> LANGER 65

Wir sollen die Botschaft anderer Kulturwelten verstehen und in unsere Kultur integrieren. Wir sollen auf die Stimme anderer Kulturen hören,

> »so zum Beispiel auf die Stimme der betont gedächtnisgeleiteten Kulturen aus der arabischen und vorderasiatischen Welt, im Unterschied zu unserer exklusiv neugierdegeleiteten westlichen Kultur«.
>
> LANGER 65

Metz meint damit nicht, dass wir die fremde Kultur übernehmen sollen. Denn jede Kultur hat auch ihre Schattenseiten. Die gedächtnisgeleitete Kultur hat

»Modernisierungshemmungen. Sie lähmen die Neugierde,
verdächtigen das Experiment und sind allzu sehr auf Wie-
derholung bedacht«.

LANGER 65

Aber auch unsere Kultur hat ihre Schattenseiten. Metz ist der Ansicht, dass in unserer Kultur vor lauter Neugier das Gedächtnis un-
terentwickelt bleibt. Doch ohne Gedächtnis hätten wir – so formuliert es Metz in seiner typischen Art – eine Kultur

»mit Aufenthalts- und Verlangsamungsverboten ... mit Be-
schleunigungsturbulenzen, in denen die Menschen immer
mehr sich selbst abhandenkommen«.

LANGER 65

Wenn wir die in Sprachspiele verliebte Sprache von Metz in unseren Alltag hinein übersetzen, würde das bedeuten: Der Dialog mit
den Fremden bereichert uns. Wir können immer auch lernen von
Menschen aus einer anderen Kultur. Das heißt nicht, dass wir unsere Kultur vergessen oder ablehnen sollen. Der Dialog zwischen
den Kulturen kann uns helfen, Einseitigkeiten zu vermeiden und
zu einer Kultur zu finden, die uns auf Dauer guttut. Wenn wir zu
diesem Lernen bereit sind, dann werden die Gäste für uns zu Engeln, die uns Gottes Botschaft künden – keine fromme Botschaft,
sondern die Botschaft von einer neuen Menschlichkeit.

Bildung und Sprache

Der beste Weg, Fremde zu integrieren, ist, ihnen Anteil an unserem Bildungswesen zu geben. So ist es dem Selbstbewusstsein von Flüchtlingskindern zuträglich, in die Schule zu gehen und nicht nur die Sprache zu lernen, sondern auch eine Klassengemeinschaft zu erleben, die sie stützt. Natürlich verlangt das auch von den deutschen Schülern und Schülerinnen eine gewisse Offenheit.

Problematisch wird es, wenn im Kindergarten oder in der Grundschule in den Gruppen und Klassen das Gleichgewicht zwischen ausländischen und deutschen Kindern nicht mehr stimmt. Es braucht große Sensibilität aufseiten der Lehrer, um die Ängste der Kinder wahrzunehmen und angemessen darauf zu reagieren. Und es braucht Fingerspitzengefühl, damit eine gute Klassengemeinschaft entstehen kann.

Eltern erzählen mir häufig, dass ihre Kinder Angst haben, sie könnten von Mitschülern gehänselt oder geschlagen werden. Sie weigern sich manchmal, in die Schule zu gehen. Diesen Ängste sehen sich Kinder immer ausgesetzt, ob nun ausländische Kinder zur Klassengemeinschaft gehören oder nicht. Es bilden sich häufig Cliquen, die grausam mit jenen umgehen, die sich nicht der Clique anschließen oder dem Stil der Klasse anpassen.

In Klassen mit einem hohen Ausländeranteil können sich diese Ängste verstärken, vor allem dann, wenn die fremden Kinder einen anderen Stil haben, miteinander umzugehen. Integration fängt aber genau dort an. Und es gibt auch viele Beispiele, die zeigen, dass Integration gelingt. Eine meiner Nichten ist in München Lehrerin an einer Hauptschule. Sie hat viele ausländische Schüler und Schülerinnen, die mitten in der Pubertät stecken oder sie gerade überwunden haben. Aber sie kommt sehr gut mit den Schülern aus. Sie lässt sich auf sie ein, zeigt ihnen jedoch auch klare Grenzen auf. Das respektieren alle. Wenn sie in Not sind, dann kommen sie gerne zu ihr, weil sie sich von ihr verstanden fühlen. Meine Nichte ist mit einem Engländer verheiratet. Sie ist daher einfach offen für Schüler und Schülerinnen, gleich, woher sie kommen.

Ein weiteres wichtiges Element von Integration ist die Sprache. Wer die Sprache des Landes lernt, in dem er lebt, hat gute Chancen auf eine Ausbildung und anschließend eine feste Stelle zu finden, ob Studium oder Lehre. Zudem verbindet Sprache Menschen miteinander. Man spricht die gleiche Sprache. Man kann sich austauschen. Und man hat Anteil an der gleichen Denkweise. Denn die Sprache vermittelt immer auch eine bestimmte Art zu denken und zu fühlen. In ihr kommt eine eigene Lebensphilosophie zum Ausdruck.

Die Sprache ist aber nicht nur für die Fremden wichtig, sondern auch für uns Deutsche. Wir sollten sehr auf unsere Sprache achten: Wie sprechen wir mit Menschen aus anderen Ländern und wie sprechen wir über sie? Die deutsche Sprache unterscheidet zwischen »reden« und »sprechen«. »Reden« stammt vom althochdeutschen Wort *radia* = Rechenschaft und hat auch mit »Abrechnung« zu tun. Es gibt die Redensart: »Jemanden zur Rede stellen«. Wir verlangen vom anderen dann Rechenschaft. Reden kann oft einen aggressiven oder anklagenden Ton haben. Wir wollen etwas bereden, jemandem etwas einreden oder ausreden oder in Abrede stellen. Oft reden wir nur über »die Ausländer«. Doch wenn wir nur reden, gibt es ein

Gerede. Gerede hat häufig einen aggressiven oder verletzenden oder sogar hasserfüllten Unterton. Solch verletzendes und spaltendes Reden ist das größte Hindernis auf dem Weg zur Integration. Ein Gespräch entsteht dagegen nur, wenn wir sprechen. »Sprechen« stammt vom althochdeutschen Wort für »bersten« oder auch »knistern«. Es meint also immer ein persönliches Sprechen, das aus dem Herzen kommt. Die sprachlichen Verbindungen mit »sprechen« sind immer positiv aufgeladen: Wenn ich jemanden anspreche, dann berühren meine Worte sein Herz. Wenn ich eine Ansprache halte, spreche ich nicht über jemanden, sondern zu ihm. Etwas in Abrede stellen ist negativ, eine Absprache treffen hat dagegen eine positive Bedeutung. Wir treffen eine Vereinbarung miteinander. Mit jemandem etwas bereden meint, ihn auf einen Fehler hinweisen. Etwas besprechen meint dagegen, mit dem anderen über etwas sprechen, mit ihm über etwas ins Gespräch kommen. Das Thema, das wir besprechen, verbindet uns miteinander. Und jemandem etwas zuzusprechen, einen tröstenden Zuspruch zu geben oder jemandem etwas zu versprechen, all das hat immer einen angenehmen und hoffnungsvollen Klang.

Daher ist es wichtig, wie wir mit anderen und über andere sprechen. Wir sollten achtsam mit unserer eigenen Sprache umgehen, damit sich keine Verurteilung, Ablehnung, kein Hass, keine Spaltung und Aggressivität hineinmischen, sondern die Begegnung wirklich zu einem Gespräch wird mit den Fremden. Ein Gespräch schafft immer Gemeinschaft und Verbindung. Reden führt zur Gegenrede. Der eine bringt dieses Argument, der andere ein anderes. Aber man kommt nicht zusammen. Gespräche bringen immer neue Einsichten. Sie führen zu guten Begegnungen und in Begegnungen und Gesprächen können Vorurteile abgebaut werden. Man kommt sich näher. Man beginnt, den anderen zu verstehen. Gespräche und Begegnungen verwandeln die Menschen, denn sie gehen anders aus einem Gespräch heraus, als sie hineingegangen sind.

Wie ein Gespräch mit einer Fremden zu neuen Einsichten führen kann, zeigt uns die Unterhaltung Jesu mit der Samariterin. Die Samariter waren für die Juden Ausländer und nicht besonders wohlgelitten. Die samaritische Frau antwortet daher auf die Bitte Jesu, ihr Wasser zum Trinken zu geben:

»Wie kannst du als Jude mich, eine Samariterin,
um Wasser bitten?«

JOHANNES 4,9

Johannes erklärt das mit den Worten:

»Die Juden verkehren nämlich nicht mit den Samaritern.«

JOHANNES 4,9

Und so lässt sich die Frau auf das Gespräch mit Jesus ein. Zunächst geht es um das Wasser des Jakobsbrunnens, doch plötzlich dreht es sich um die innere Quelle, die jeder in sich hat, und um ein Wasser, das ewiges Leben schenkt und von dem man nie mehr Durst haben muss. Im Weiteren geht es um die Situation der Frau, die sechs Männer hat, aber in ihnen nicht das findet, was sie eigentlich sucht. So kommen die beiden auf die Quelle der Liebe zu sprechen, die in uns ist. Und schließlich landen sie bei den verschiedenen Religionen: Die Samariter beten Gott auf dem Berg Garizim an, während die Juden ihn in Jerusalem verehren. Doch Jesus überbrückt den Unterschied zwischen beiden:

*»Frau, die Stunde kommt, zu der ihr weder auf diesem Berg
noch in Jerusalem den Vater anbeten werdet ... Die Stunde
kommt, und sie ist schon da, zu der die wahren Beter den Vater
anbeten werden im Geist und in der Wahrheit.«*

JOHANNES 4,21;23

Jesus geht über die konkreten Äußerungen der verschiedenen Religionen hinaus und verweist auf den einen Gott und Vater, den alle
Menschen – gleich welcher Religion – im Geist und in der Wahrheit anbeten. Wahrheit meint dabei nicht, dass die Juden oder die
Samariter, die Christen oder die Muslime die eine Wahrheit be-
sitzen würden. Wahrheit meint vielmehr, dass der Schleier wegge-
zogen wird, der über allem liegt, und dass der Gott jenseits aller
Bilder und Begriffe aufscheint. Ihn meinen alle Religionen. Und
sie sollten diesen Gott jenseits aller Bilder gemeinsam anbeten.

Die Sprache bei dieser Begegnung Jesu mit der Frau ist nicht be-
lehrend. Vielmehr greift Jesus die Worte der Frau auf und führt
sie jeweils weiter auf eine andere Ebene. Auf dieser anderen Ebene
verstehen sie sich. Da geht es nicht um Rechthaberei, sondern darum, dass die eigentliche Wahrheit aufleuchtet und die Gesprächs-
partner miteinander verbindet. Das wäre ein schönes Modell für
das Gespräch der Religionen heute miteinander.

Gerade, als ich über die Sprache schreibe, ruft mich ein mir
unbekannter Lehrer an. Er wollte sich für meine Bücher bedanken
und erzählt mir, dass er meine Texte auch seinen Schülern weiter-
gibt. Darunter sind viele Muslime. Doch er meint, sie würden diese
Texte auch verstehen und sich daran freuen, weil sie eine einfache
und nicht bewertende Sprache sprechen. Das hat mich wiederum

getreut. Und es zeigt mir, wie wichtig es ist, auf die eigene Sprache achtzugeben. Sprache, die nicht moralisiert und nicht beurteilt, kann uns miteinander verbinden, trägt dazu bei, dass wir uns verstehen können. Wenn wir uns verstehen, stehen wir auch zueinander und stehen wir füreinander ein.

Doch die Sprache ist nicht nur in Bezug auf Bildung wichtig, sondern auch in Bezug auf unseren alltäglichen Umgang. Ein Beispiel: Die Familie meiner Schwester ist befreundet mit einem italienischen Mädchen, das in Deutschland als Au-pair arbeitete. Es gefiel ihr gut hier und sie wollte sich anschließend einen festen Job suchen. So bewarb sie sich bei verschiedenen Firmen. Ein Unternehmer warf ihr beim Vorstellungsgespräch alle möglichen Vorurteile gegenüber Italienern an den Kopf. Als sie das meiner Schwester und ihrem Mann erzählte, rief mein Schwager – Offizier bei der Bundeswehr – den Unternehmer an und verbat sich diese Art von Sprache. Der Unternehmer reagierte positiv darauf. Das habe er so nicht bedacht, meinte er, und entschuldigte sich bei dem italienischen Mädchen. Das ist ein gutes Beispiel dafür, dass wir füreinander verantwortlich sind, mit Fremden achtungsvoll zu sprechen und nicht mit Vorurteilen und Anklagen zu kommen.

Eine weitere Möglichkeit, miteinander ins Gespräch zu kommen, ist das gemeinsame Filmeschauen. Die Psychologin Friederike Engst erzählt vom Projekt »Cinelokal« in Dresden. Einheimische und Flüchtlinge organisieren zusammen Filmvorführungen.

»Die Idee ist, dass Filme verbinden und zu Diskussionen anregen: über Werte, Kultur, Heimat.«
PSYCHOLOGIE HEUTE 31

Nach dem Film gibt es dann Gespräche. Filme wirken oft tiefer als Worte. Wenn sich die Menschen im Film anders verhalten als im Alltag üblich, regt das dazu an, sich über das eigene Verhalten Gedanken zu machen. Und gerade, wenn sympathische Schauspieler im Film neue Verhaltensweisen darstellen, ist das eine Einladung, seine eigenen Vorstellungen vom Leben und seine Verhaltensmuster zu hinterfragen.

Dialog der Religionen

Damit die Aufnahme der Fremden gelingt, bedarf es eines offenen und qualifizierten Dialogs zwischen den Religionen. Bei diesem Dialog geht es nicht darum, den andern davon zu überzeugen, dass wir als Christen Recht haben, dass unsere Religion über allen steht. Wir sollen unseren christlichen Glauben aber auch nicht relativieren. Im Dialog geht es einfach darum, zu erfahren, wie die andere Religion – wie das Judentum, der Islam, der Buddhismus, der Hinduismus – das menschliche Leben sieht, wie sie den Menschen versteht und wie sie Gott sieht. Welches Bild von Gott und welches Bild vom Menschen steht dahinter? Was sind die Sehnsüchte, die in diesen Religionen angesprochen werden? Und welche spirituellen Wege werden in den verschiedenen Religionen empfohlen.

Wenn es nicht um Rechthaberei geht, sondern um den Austausch von Erfahrungen, dann achte ich die Erfahrungen des andern. Und ich achte die Deutung des Lebens durch die andere Religion. Ich versuche zu verstehen, wie die andere Religion den Weg des Menschen zu Gott sieht. Aber ich vermische die verschiedenen Religionen nicht miteinander. Vielmehr ist die Antwort einer anderen Religion für mich immer eine Herausforderung, mich zu fragen: Welche Antwort gebe ich auf diese Frage? Welche Erfahrung mache ich auf meinem Weg zu Gott? Wie sehe ich Gott? Wenn der Dialog ein Austausch von Erfahrungen wird, dann verliert er die Aggressivität, die oft entsteht, wenn es um das Rechthaben geht. Wir sollen immer wissen, dass Gott jenseits aller Bilder und Begriffe ist. Wir Christen sind dankbar für die Botschaft Jesu, der von Gott auf eine neue und menschenfreundliche Weise gesprochen hat. Aber wir Christen dürfen nicht behaupten, dass wir die Botschaft Jesu schon in ihrer ganzen Fülle verstanden haben. Für mich ist es wichtig, im Dialog mit anderen Religionen mit einer neuen Brille auf die Worte Jesu zu schauen. Dann geht mir manchmal ein Wort Jesu auf neue Weise auf. Und ich entdecke Seiten an Jesus, die mir bisher verborgen waren.

Aber im Dialog zwischen den Religionen geht es auch darum, die jeweiligen Schattenseiten offen anzusprechen. Für uns Christen erscheint der Islam heute vor allem in seiner aggressiven Seite. Daher ist es wichtig, die Gefährdungen durch einen fundamentalistischen Islam anzusprechen und zugleich offen zu sein für die tolerante Seite des Islam. Im Mittelalter gab es durchaus einen fruchtbaren Dialog zwischen muslimischen Gelehrten und christlichen Theologen. Thomas von Aquin hat vom muslimischen Gelehrten Maimonides ein neues Verständnis von Aristoteles gelernt. Und im Nahen Osten gab es jahrhundertelang ein friedliches Miteinander von Christen und Muslimen. Es ist wichtig, durch einen offenen Dialog zu einem friedlichen Miteinander zu gelangen. Denn jede Religion betont letztlich die Liebe als die Grundlage unseres Lebens. Und jede Religion zeichnet uns das Bild eines Gottes, der Liebe ist. Wenn wir mit dieser Liebe in Berührung kommen, die die Grundlage jeder Religion ist, dann wird auch unser Miteinander von dieser Liebe geprägt sein. In der Liebe sind wir schon eins miteinander, auch wenn wir auf der Ebene der Begriffe und auch der Kulturen getrennt sind. Wenn wir uns dieses Einssein bewusst machen, werden uns die Religionen nicht mehr spalten und gegeneinander aufbringen, sondern sie werden einen wichtigen Beitrag zu einem friedlichen Miteinander in unserer Welt leisten.

Sich der eigenen Identität bewusst werden

Die vielen Fremden, die in unser Land kommen, verunsichern uns vielleicht. Sie fordern uns aber zugleich heraus, unsere eigene Identität zu erkennen, sie uns neu bewusst zu machen. Wir sind für die Fremden nur dann gute Gastgeber, wenn wir klar zu unseren eigenen Wurzeln stehen. Viele, die Angst haben – vor den Fremden, vor dem Islam, vor Gewalt – haben ihre eigene Identität verloren oder sie ist ihnen zumindest unklar geworden.

Die eigene Identität betont oder findet man nicht, indem man gegen Fremde hetzt oder ihnen nachsagt, sie bedrohten die eigenen Wurzeln. Zunächst einmal ist die Herausforderung, die darin steckt, die Frage an uns selbst: Worauf baue ich mein Leben? Was bedeutet uns in Deutschland der Begriff »christliches Abendland«? Wie weit haben christliche Ideen auch unsere weltlichen Vorstellungen mitgeprägt, etwa den der Menschenrechte, der Demokratie, der Freiheit, der Solidarität? Das meint auch: Wir sollten unsere Identität nicht in der Abgrenzung gegen andere oder gar der Verteufelung anderer entwickeln, sondern als Aufgabe für uns selbst sehen, damit wir wieder einen guten Boden unter den Füßen haben, unsere eigenen Wurzeln entdecken.

Doch auch für die Flüchtlinge ist es eine Herausforderung, die eigene Identität zu finden. Auch da gibt es ähnliche Tendenzen, nämlich dies zu tun, indem man sich völlig von der anderen Kultur abschottet, nur mit Menschen aus der eigenen Kultur Umgang pflegt und so den Weg ebnet, dass sich zwei völlig getrennte Kulturen feindlich gegenüberstehen. Auch aufseiten der Migranten ist es daher notwendig, die eigenen Wurzeln neu zu bedenken und zu finden, allerdings ebenso im Dialog mit den Menschen, in deren Land sie leben.

Das gilt nicht nur für die alltägliche Kultur, sondern im Besonderen für die Religionen. Die Muslime sollten also einerseits im offenen Dialog mit den Christen erkennen, was die eigentliche Botschaft des Islam ist, die heute nur noch weithin verfälscht durch radikale Gruppen wie etwa die Salafisten in die Öffentlichkeit transportiert wird. Radikale und fundamentalistische Strömungen sind immer Ausdruck einer tiefen Verunsicherung. Es gibt auf der anderen Seite auch Christen, die durch die pluralistische Gesellschaft verunsichert sind und sich daher auf fundamentalistische Gedanken versteifen.

Theodor Bovet, ein Schweizer Psychotherapeut, meinte einmal, Ideologie sei immer Vaterersatz. Wenn jemand also nie erfahren hat, dass der Vater ihm den Rücken stärkt, ihm Mut macht, zu ihm steht, dann sucht er sich sozusagen einen Rückgratersatz. Und diesen findet er in der Ideologie. Denn Ideologie lässt keine Fragen offen, da muss man nicht mehr selbst entscheiden. Da ist alles vorgegeben. Das gibt den Menschen im ersten Moment eine gewisse Stärke. Aber diese Stärke ist zugleich mit Sturheit und Aggressivität verbunden, denn alle übrigen Meinungen, Ansichten, Überzeugungen haben keine Gültigkeit mehr in den Augen derer, die einer Ideologie anhängen. Zudem führt eine solche Haltung zu einem Gegeneinander und nicht zu einem Miteinander. Daher ist es wichtig, dass sowohl die Fremden wie die Einheimischen in einem Land ihr Rückgrat stärken, indem sie sich ihrer eigenen Wurzeln bewusst werden und ein gesundes Selbstvertrauen aufbauen. Mit diesem Selbstvertrauen kann man dann offener mit Menschen anderer Kulturen und Religionen ins Gespräch kommen. Da gibt es keine Redeschlachten, keine Sieger und Besiegten, sondern ausschließlich Menschen, die miteinander »ein Gespräch werden«, wie Friedrich Hölderlin es einmal ausgedrückt hat.

Wenn ich über Identität nachdenke, fällt mir die Geschichte vom Besessenen von Gerasa ein. Ich möchte die Geschichte hier ausschließlich im Hinblick auf den Umgang mit der eigenen Identität auslegen, obwohl sich darin noch weitere Aspekte verbergen. Gerasa liegt im Gebiet der Dekapolis, also der zehn antiken Städte östlich und südlich des See Genezaret, zwischen Damaskus im Norden und Philadelphia im Süden. Das war für die Juden heidnisches, fremdes Land. Der Besessene zieht sich in Grabhöhlen zurück. Er kann den Kontakt zu den Menschen nicht aushalten. Aber er schreit unaufhörlich. Er möchte doch gehört werden. Die Menschen in der Umgebung haben diesen Besessenen schon oft mit Fesseln gebunden. Sie hatten Angst vor ihm und sperrten ihn gleichsam weg. Aber der junge Mann sprengte immer wieder die Fesseln. Er hatte offensichtlich eine große Kraft in sich, war aber innerlich völlig zerrissen. So musste er durch sein außergewöhnliches Verhalten auf sich aufmerksam machen. Mit seinem Verhalten stieß er jedoch nur auf Ablehnung.

Die Geschichte im Neuen Testament setzt damit ein, dass er auf Jesus zuläuft. Doch er verhält sich ambivalent: Einerseits fällt er vor ihm nieder. Das ist ein Ausdruck der Ehrerbietung. Doch zugleich schreit er ihn an:

»Was habe ich mit dir zu tun, Jesus, Sohn des höchsten Gottes?
Ich beschwöre dich bei Gott, quäle mich nicht!«

MARKUS 5,7

Jesus hat keine Angst vor der Aggression des Besessenen. Er fragt ihn: »Wie heißt du?« Der Besessene – oder der Dämon in ihm – antwortet:

»Mein Name ist Legion; denn wir sind viele.«

MARKUS 5,9

Der Mann hat keine klare Identität. Er spürt viele Personen in sich und weiß nicht, wer er selbst eigentlich ist. Die Dämonen bitten dann Jesus durch den Mund des Besessenen, dass er sie in die Schweine fahren lassen möge. Das ist eine eigenartige Bitte. Aber offensichtlich sind die zerstörerischen Kräfte in diesem Mann, der seine Identität verloren hat, so stark, dass sie im Äußeren ein Äquivalent brauchen, das ihre Kraft auflöst. So fahren die Dämonen tatsächlich in die Schweine und diese stürzen sich selbst ins Meer. Dadurch wird die destruktive Macht der Dämonen besiegt.

Die Frage »Wie heißt du?« ist die Frage nach der Identität des jungen Mannes. Solange er keine Identität hat, fühlt er sich zerrissen. Und er weiß nicht, wo er mit seiner inneren Kraft hin soll. Er schreit herum, zerreißt die Fesseln und wird den Menschen gefährlich. Niemand möchte mit ihm etwas zu tun haben. Die einzige Möglichkeit, ihn zu bändigen, ist, ihn zu fesseln. Aber auch das gelingt nicht wirklich oder dauerhaft. Jesus hat keine Angst vor diesem zerrissenen Menschen. Er fragt ihn nach seiner Identität. Und diese

Frage befreit sein Gegenüber von seinen selbstzerstörerischen und aggressiven Kräften.

Das ist auch eine Herausforderung für uns heute. Für mich zeigt die Geschichte, wie wir mit Menschen umgehen können, die ihre Identität verloren haben, sowohl Einheimische als auch Fremde. Statt sie zu fesseln, sie einzuschränken, sie zu bekämpfen sollten wir mit ihnen ins Gespräch kommen, damit sie ihre eigene Identität finden. Dann brauchen sie das zerstörerische und aggressive Verhalten nicht mehr. Indem wir immer wieder fragen: »Wer bist du?«, zeigen wir den innerlich zerrissenen Menschen, dass wir an ihren guten Kern glauben. Das deutsche Wort »fragen« hat seine Wurzeln im Wort »Furche«. Wenn ich den innerlich zerrissenen Menschen frage: »Wer bist du?«, grabe ich gleichsam eine Furche in seine Seele. Und in dieser Furche kann etwas gesät werden, was zu einer Frucht heranwächst. Die Frage bringt den in sich zerrissenen Menschen dazu, sich seiner eigenen Identität bewusst zu werden. Er ist nicht nur der schreiende und zerstörerische Mensch, sondern einer, der in sich eine klare Identität hat. Diese Identität zeigt sich in der Beschreibung des Geheilten:

> *»Er saß ordentlich gekleidet da*
> *und war wieder bei Verstand.«*
> MARKUS 5,15

Die Geschichte zeigt aber auch, wie wir selbst unsere Identität finden. Wir können dazu die Frage Jesu in die Ichform kleiden und uns immer wieder fragen: »Wer bin ich?« Wenn wir uns nicht mit den ersten Antworten zufriedengeben, die in uns auftauchen, werden wir durch das ständige Fragen immer mehr unsere tiefste Identität erahnen. Wir können diese Identität nicht mehr beschreiben. Aber wir spüren dann, dass jeder von uns einmalig ist, dass in jedem von uns dieser gesunde Mensch steckt: »ordentlich gekleidet und bei Verstand«. Wenn wir unsere eigene Identität gefunden haben, dann brauchen wir das Schreien nicht mehr, um auf uns aufmerksam zu machen. Und wir können die zerstörerische Aggression ablegen und loslassen. Dann können wir wie Jesus angstfrei mit Menschen umgehen, die innerlich zerrissen sind. Wir werden für sie zu einer Hilfe bei ihrer eigenen Identitätssuche.

Reflektiertes Helfen

Es ist erfreulich, dass sich so viele Menschen für Flüchtlinge einsetzen, sie unterstützen und ihnen helfen, hier in Deutschland Fuß zu fassen. Sie sind die lebendigen Zeugen einer Willkommenskultur. Ein Beispiel für dieses Engagement, das aus christlichem Geist heraus geschieht, ist die Psychologin Friederike Engst. Sie ist in einer evangelischen Familie groß geworden, die sich zu DDR-Zeiten offen zu ihrem Glauben bekannte. Als in ihrer Heimatstadt Dresden die Bewegung »Pegida« erstarkte, war für sie klar, dass sie dagegenhalten muss.

Doch in ihrem Engagement für Flüchtlinge sah sie sich von verschiedenen Seiten bedroht. Einmal ganz »real«, ganz körperlich durch die Gewaltbereitschaft von Menschen, die sich rechten Gruppen angeschlossen hatten und sie bei ihren Hilfsdiensten massiv angingen. Doch eine ganz andere Art von Bedrohung schlug ihr in den Aussagen eines Psychologen entgegen. Sie erzählt:

»Der Psychoanalytiker Hans-Joachim Maaz hat sich für die weit verbreitete Hilfsbereitschaft im Land den Begriff ›narzisstische Normopathie‹ ausgedacht. In einem Essay prangert er ›Vertreter und Akteure einer Willkommenskultur‹ an, verantwortungslos zu handeln und empathielos gegenüber den Ängsten der ›besorgten Bürger‹ zu sein. Angst vor Fremden nennt er normal. Engagierte Mitmenschlichkeit für Flücht-

lInge hingegen erscheint bei Maaz geradezu pathologisch. Als
eine Art kollektive Persönlichkeitsstörung.«

PSYCHOLOGIE HEUTE, SEPTEMBER 2016, 31

Gerade gegen diese Art von psychologischer Infragestellung des Helfens musste sich Friederike Engst als Psychologin wehren. Sie gibt zu, dass zu Beginn ihres Engagements auch viel Aktionismus stand:

»Aber je länger man das macht, umso notwendiger ist es,
über sich und seine Arbeit zu reflektieren und sich ehrlich zu
hinterfragen.«

PSYCHOLOGIE HEUTE, SEPTEMBER 2016, 30

Sie erlebt den täglichen Umgang mit dem Leid, mit dem sie in den Erzählungen der Flüchtlinge konfrontiert ist, als belastend. Sie braucht Freunde, um mit ihnen darüber zu sprechen. Und sie hat erkannt:

»Der Selbstwert darf nicht einzig davon abhängen, dass man
anderen hilft. Wenn das meine einzige Identität wird, bin ich
für andere auch nicht mehr hilfreich.«

PSYCHOLOGIE HEUTE, SEPTEMBER 2016, 30

Sie weiß, dass sie auch gut für sich selbst sorgen muss und braucht immer wieder Distanz zu ihrem Job. Dann geht sie mit Freundinnen ins Kino oder macht Ausflüge. Und sie versucht, ihr Engagement für die Flüchtlinge mit ihrem Alltag in eine gesunde Balance zu bringen.

Sie möchte weiter

»für Berührendes empfänglich bleiben und es auch an mich ranlassen. Mitfühlen, aber nicht mitleiden – das ist die Aufgabe«.

PSYCHOLOGIE HEUTE, SEPTEMBER 2016, 31

Was Friederike Engst von sich schreibt, ist sicher auch für die vielen Helfer und Helferinnen wichtig. Sie sollen ihre Hilfe reflektieren und ihre Identität nicht allein aus dem Helfen beziehen. Auf der anderen Seite brauchen sie jedoch auch ein gesundes Selbstvertrauen. Das Helfen darf auch ihnen selbst guttun. Sie müssen sich nicht rechtfertigen vor anderen, vor allem nicht vor den Stimmen derer, die sie als naive »Gutmenschen« bezeichnen. Ihr Tun ist Ausdruck christlicher Nächstenliebe. Diese Diffamierung als »Gutmensch« zeigt, dass selbst der Wert christlicher Nächstenliebe heute verunglimpft wird. Vermutlich wollen jene, die anderen das Helfen madig machen, damit ihr eigenes schlechtes Gewissen verdrängen. Daher müssen sie das Tun derer, die ihnen ein schlechtes Gewissen machen, entwerten. Doch gegen diese Entwertung können sich die Helfer wehren. Eine wichtige Weise, das zu tun, ist, ihr Engagement zu reflektieren und für sich einen guten Weg zu finden, das eigene Leben mit der Hilfe für andere in Einklang zu bringen.

Heimat stiften

Nach dem Zweiten Weltkrieg waren es vor allem die Vertriebenen, die das Thema Heimat aufgegriffen haben. Heute kommen viele Flüchtlinge zu uns mit einer tiefen Sehnsucht, hier in Deutschland eine neue Heimat zu finden. Heimat ist nicht an den Ort allein gebunden. Heimat entsteht dort, wo ich verstanden werde, wo ich sein darf, wie ich bin, wo ich angenommen und geliebt werde, wo ich Freunde finde. Heimat schenkt uns Wurzeln. Und wir wissen: ohne Wurzeln kann unser Baum nicht blühen. Die Wurzeln der Menschen, die aus anderen Ländern zu uns kommen, liegen allerdings nicht hier, sondern in der Kultur, in der sie groß geworden sind, in den Landschaften, in denen sie gelebt haben, im verwandtschaftlichen Umfeld, das sie getragen hat. Sie können ihren Baum nicht einfach umpflanzen. Aber dennoch brauchen sie das Gefühl, dass die Fremde ihnen nicht nur fremd bleibt, sondern ihnen vertraut wird, ihnen zur neuen Heimat wird.

Heimat kann hier entstehen, wenn diese Menschen über ihr Fremdsein sprechen dürfen, wenn sie sich frei von dem Druck fühlen, sich anpassen zu müssen. Sie möchten erst einmal in ihrem Fremdsein respektiert werden. Wenn sie das Gefühl haben, dass man ihnen zuhört, können sie sich daheim fühlen. Dann fühlen sie sich verstanden. Sie erfahren die Erlaubnis, sie selbst zu sein in einer neuen Umgebung, und können so auch die Fremde annehmen als eine andere Heimat. Diese Heimat wird ihre ursprüngliche Heimat nie ersetzen.

Das war auch nach dem Zweiten Weltkrieg so: Die aus Ostpreußen und Schlesien vertriebenen Menschen haben jahrzehntelang ihrer Heimat nachgetrauert. Aber ihr Reflektieren war nicht nur rückwärts gewandt. Sie haben auch versucht, in der neuen Umgebung heimisch zu werden. Der Zwiespalt zwischen der alten und der neuen Heimat wird immer bleiben. Aber ich selbst kenne Italiener, Iraner, Koreaner, die schon lange in Deutschland wohnen und denen Deutschland zur neuen Heimat geworden ist. Sie fahren gerne nach Hause. Und dennoch wollen sie nicht für immer dorthin zurück. Sie haben hier ihre Wurzeln geschlagen. So haben sie eine neue Identität in der neuen Heimat gefunden.

Das Thema Heimat ist aber nicht nur für die Flüchtlinge brennend, die eine neue Heimat suchen. Viele Einheimische haben Angst, dass ihnen durch die vielen Fremden ihre Heimat geraubt wird. Sie haben den Eindruck, dass sie Fremde im eigenen Land sind, dass viele Bereiche ihrer Städte von Fremden geprägt werden: Geschäfte, Wohngebiete, öffentliche Räume, Bräuche und Kultur. Der Verlust der Heimat ist also auch ein Thema für die, die eigentlich hier zu Hause sind. Diese Verlustangst könnte aber auch etwas anstoßen. Nämlich das Nachdenken darüber, was für uns eigentlich Heimat bedeutet und was die Bedingungen sind, damit wir uns hier zu Hause fühlen.

Die Frage, was Heimat eigentlich ist, hat viele Dichter und Schriftsteller bewegt. Der jüdische Philosoph Ernst Bloch hat in seinem Buch »Prinzip Hoffnung« eine Definition der Heimat gegeben, die nicht in die Vergangenheit schaut, sondern die Zukunft vor Augen hat:

»Heimat ist das, was jedem in die Kindheit scheint und worin noch niemand war.«

ERNST BLOCH

Das könnte auch ein Hoffnungsbild werden für die Fremden in unserem Land: Sie haben in ihrem Land Heimat erfahren. Aber das war nicht nur schön. Da gab es auch Enge und oft genug Gewalt. Doch in ihre Kindheit hat etwas hineingeleuchtet, das ihnen das Gefühl von Heimat gab. Und das, was da leuchtete, das ist auch in ihnen und sie können es hier in der neuen Heimat leuchten lassen.

In der deutschen Sprache gibt es sogar eine Verbindung in der Sprachwurzel zwischen den Wörtern »Heim«, »Heimat« und »Geheimnis«. Daheim sein kann man nur, wo das Geheimnis wohnt. Dort, wo ich offen bin für das Geheimnis Gottes, für das, was größer ist als ich, dort kann ich mich daheim fühlen. Daher ist es gut, sich nicht nur äußerlich in der neuen Heimat einzurichten, sondern offen zu sein für das, was uns wirklich Heimat gibt. Und das ist letztlich immer das Geheimnis, das größer ist als wir: Gott, das absolute Geheimnis.

Es gibt aber auch noch eine andere Erfahrung: Fremde, die hier ihre Heimat gefunden haben, brechen irgendwann wieder in ihr Herkunftsland auf. Das kann durchaus auch zum Segen für sie selbst und für ihre alte Heimat werden. Ein amerikanischer Volkswirtschaftler hat die These aufgestellt, dass die beste Entwicklungshilfe in der Migration bestehe. Ein Beispiel: Das Geld, das wir Europäer nach Afrika überweisen, hilft dort oft nicht weiter. Es kommt an den falschen Stellen an und hält die Menschen weiterhin in einer falschen Abhängigkeit. Doch Afrikaner, die lange in Europa gelebt

und gearbeitet haben, befruchten ihre Heimat, wenn sie zurückkehren. Sie sind nicht zufrieden mit den Verhältnissen, die dort
herrschen. Sie bringen andere Maßstäbe und Werte mit in ihre alte Heimat und verwandeln allmählich die Atmosphäre in dieser
Gesellschaft. Und sie finden Wege, den Menschen dort auch dauerhaft wirtschaftlich zu helfen.

Wenn wir Fremde in unserem Land aufnehmen und ihnen Heimat
bieten, heißt das nicht, dass sie für immer hierbleiben. Es kann sein,
dass sie nach ihrer Rückkehr in ihr Heimatland das, was sie hier
gelernt und erfahren haben, in ihrer Heimat zur Geltung bringen.
Dann wird die Zeit, die sie bei uns gelebt und in der sie hier ein
Zuhause gefunden haben, zum Segen für ihre Heimatländer. Und
sie wird zugleich auch zum Segen für uns. Denn dann entstehen
nicht nur neue wirtschaftliche Beziehungen. Es sind auch persönliche Beziehungen gewachsen. Vorurteile wurden abgebaut. Und
die Freundschaft bleibt über die Grenzen hinweg. Das ist ein wesentlicher Beitrag zum Frieden und zur Völkerverständigung. So
könnte Migration nicht nur die beste Entwicklungshilfe sein. Sie
könnte auch eine gute Weise sein, Globalisierung zu leben. Dann
wird diese nicht auf der Macht der Stärkeren gebaut sein und zum
Schaden vieler Völker werden. Vielmehr wird es eine Globalisierung der Freundschaft geben. Und sie wird ein Segen sein für alle
Menschen in allen Völkern.

Erfahrungen mit Flüchtlingen
in der Abtei Münsterschwarzach

Ende 2014 haben wir in der Abtei 38 Flüchtlinge aufgenommen. Sie kommen aus Syrien, Irak, Iran, Afghanistan. Einige minderjährige Flüchtlinge stammen aus Eritrea und Somalia. Fünf Mitbrüder betreuen sie, sind Ansprechpartner, wenn es Probleme gibt. Wir geben auch Sprachunterricht. Anfangs war die Verständigungssprache Englisch. Doch jetzt ist es Deutsch. Die Mitbrüder begleiten sie zu den Ämtern und helfen ihnen, die Formulare auszufüllen. Sie fahren sie zum Arzt und halten wöchentlich Gruppengespräche mit allen Flüchtlingen. Dabei können diese ihre Sorgen und Nöte erzählen, aber auch ihre Wünsche ausdrücken.

Bei gemeinsamen Aktionen wie etwa dem Aufstellen des Festzeltes im Jubiläumsjahr oder dem Bedienen der Festgäste helfen die Flüchtlinge mit. Manche fanden auch in klösterlichen Betrieben eine Beschäftigung. Zu Festen des Konventes werden sie in den Konvent eingeladen, etwa an Weihnachten oder zum Namenstag des Subpriors Br. David, der sich vor allem für die Flüchtlinge einsetzt. Bei dieser Gelegenheit haben einige von ihnen auf der Gitarre und der Laute gespielt, was allen sehr gut gefallen hat. Und sie haben sich bedankt für die Gastfreundschaft, die sie im Kloster erfahren.

Die meisten Flüchtlinge sind Muslime. Aber es sind auch einige Christen darunter. Alle nehmen an den Gottesdiensten in der Abtei teil. Am Gründonnerstag hat der Abt sechs von ihnen, darunter auch

Muslime, zur Fußwaschung eingeladen. Die Fußwaschung ist ein Ritual, das in vielen christlichen Gemeinden am Gründonnerstag praktiziert wird und an das Tun Jesu an seinen Jüngern am Abend seiner Verhaftung erinnert: Als ihr Meister bestand er darauf, ihnen die Füße zu waschen. Als der Abt nun diesen Wunsch äußerte, stieß er zunächst auf Widerstand:»Du bist doch der Chef. Wir müssen dir die Füße waschen«, sagten einige. Der Abt versuchte ihnen die Bedeutung der Fußwaschung zu erklären. Sie erinnere uns an den Dienst, den Jesus für die Jünger tat. In der Fußwaschung drücken wir aus, dass wir den andern bedingungslos annehmen und seine Wunden heilen möchten. Als sie verstanden, was Fußwaschung bedeutet, waren sie bereit, mitzumachen. Als Bedingung stellten sie jedoch, dass sie danach dem Abt ebenfalls die Füße waschen dürfen. Und so war es für alle Gottesdienstbesucher eine eindrückliche Szene, als nach der Fußwaschung durch den Abt ein paar Flüchtlinge diesem die Füße wuschen. Durch die Begegnung mit den Flüchtlingen wurde uns selbst der Ritus der Fußwaschung auf neue Weise bewusst.

Am Abend von Allerheiligen laden wir die Flüchtlinge ein, mit uns auf den Friedhof zu gehen. Wir singen dort die Komplet und beten für die verstorbenen Mitbrüder, die hier begraben sind, und erfahren noch einmal die Gemeinschaft mit ihnen. Dabei laden wir die Muslime ein, auch ihr Totengebet für die verstorbenen Angehörigen und für die vielen, die auf der Flucht gestorben sind, zu beten. Nach dem gemeinsamen Gebet kann jeder zu den Gräbern gehen. Die Flüchtlinge haben einen eigenen Kerzenkreis gebildet für ihre Verstorbenen. Und viele der Gäste stellen sich um diesen Kreis, um gemeinsam mit ihnen für ihre Verstorbenen zu beten. In diesem Augenblick wird klar, dass wir im Tod alle das

Gleiche erwarten: einzugehen in das ewige Leben, in das Paradies, in die Herrlichkeit Gottes. Und so verbindet das Gebet für die Verstorbenen uns miteinander. Wir hoffen, dass alle Verstorbenen den gleichen Gott schauen, denn es gibt nur einen Gott, von dem wir verschiedene Bilder haben. Aber jenseits der Bilder ist es der eine Gott, der uns alle im Tod in seine Arme schließen möchte.

Die Flüchtlinge sind sehr dankbar, dass sie im Kloster wohnen dürfen. Und sie respektieren unser Leben als Mönche. Natürlich ist es nicht immer leicht, auf engem Raum miteinander auszukommen. Das gilt vor allem für die Flüchtlinge, die aus verschiedenen Gebieten stammen, aus unterschiedlichen Gründen hierhergekommen sind und unterschiedliche religiöse Ausrichtungen haben. Für die Mitbrüder ist es klar, dass sie nicht über politische Themen sprechen, dann würde es nur Streit geben. Sie versuchen, das Gemeinsame zu betonen und eine gute Gesprächskultur zu schaffen, vor allem dann, wenn es wegen der alltäglichen Dienste zu Reibereien kommt.

Immer wieder kommen wir jedoch auch an unsere Grenzen. Eine Traumatisierung führte beispielsweise bei einem Flüchtling zu einem Verhalten, das für die Gruppe nicht mehr tragbar war. Er musste dann an anderer Stelle betreut werden, wo ihm in psychologischer Hinsicht mehr geholfen werden konnte. Den Mitbrüdern, die die Flüchtlinge begleiten, wird in ihrer Arbeit immer wieder bewusst, wie traumatisierend die Situationen waren, aus denen die Menschen zu uns kommen. Es ist verständlich, dass hier nicht alle Wunden geheilt sind, sondern immer wieder aufbrechen. Daher braucht es viel Geduld und zugleich die Hoffnung, dass die Flüchtlinge sich integrieren können. Sie sind voller Ehrgeiz. Sie wollen arbeiten, sie wollen hier eine neue Existenz aufbauen.

Die Flüchtlingsarbeit der Mitbrüder hat weite Kreise gezogen. Viele Bürger und Bürgerinnen aus der Umgebung helfen bei der Betreuung mit: im Fahrdienst oder mit Besorgungen, aber auch mit gemeinsamen Festen, bei denen sowohl die Einheimischen als auch die Flüchtlinge kochen und sich gegenseitig bewirten.

Ein alter Mann aus dem Iran, der schon seit 40 Jahren in Deutschland lebt und mit einer deutschen Frau verheiratet ist, erzählte mir, dass er immer wieder zu Dolmetscherdiensten von der Polizei oder von Behörden gerufen wird. Und da er ihre Sprache spricht, begleitet er einige Kinder, vor allem Kinder aus zerrütteten Familien. Für ihn ist es beglückend, wenn die Kinder auf ihn zulaufen und voller Vertrauen zu ihm sind. Er fühlt sich wie ein Großvater, der, ohne eigene Kinder zu haben, jetzt gleichsam viele Enkelkinder geschenkt bekommt.

So haben wir bei der Aufnahme der Fremden in unser Kloster die beiden Aspekte erfahren, die für jede Gastfreundschaft im christlichen Sinn charakteristisch sind: Wir haben die Flüchtlinge aus christlicher Nächstenliebe heraus aufgenommen. Aber wir haben auch gespürt, dass die Fremden uns beschenken, unser Leben reicher machen, uns teilhaben lassen an ihren Erfahrungen. Wenn wir von ihrer Not hören, gibt das unserem Beten eine neue Motivation und Färbung. Wir denken dann bei vielen Psalmen, in denen es um Hass und Streit und Krieg und Kampf geht, an die Menschen, die Opfer dieser Kämpfe geworden sind und die sich jetzt danach sehnen, dass Gott für sie eintritt, dass sie eine Zuflucht finden, in der sie sich sicher fühlen.

Altes Thema, neue Herausforderungen

Der Umgang mit Fremden ist ein uraltes Thema, das die ganze Menschheitsgeschichte durchzieht. Daher halte ich es für sinnvoll, die heutige Problematik, die sich aus dem Zuzug der vielen Flüchtlinge ergibt, die in unser Land gekommen sind, im Licht der menschlichen Geschichte anzuschauen. Dann weitet sich unser Blick. Der Umgang mit Fremden hatte schon in der Antike und hat bis heute ein doppeltes Gesicht: auf der einen Seite die Verpflichtung, Fremde aufzunehmen und sich ihrer anzunehmen, und die guten Erfahrungen, die man in der Gastfreundschaft machte. Auf der anderen Seite immer wieder auch Angst vor den Fremden, Angst vor Entfremdung, Angst vor dem Verlust der eigenen Heimat. Der Blick in die Geschichte zeigt uns, dass die heutige Situation nicht neu ist, in der wir beides erleben: eine wunderbare Willkommenskultur, die aus dem christlichen Geist heraus fließt, und zugleich die Angst vor den Fremden, die Panikmache, dass die Fremden uns die Heimat und die eigene Identität rauben. Wir können aus der Geschichte lernen, wie die Menschen früherer Zeiten gegen die Angst, die häufig im Fremdenhass und oft auch in Gewalt gegenüber den Fremden Ausdruck gefunden hat, vorgegangen sind. Die Kirchenväter wurden nicht müde, gegen die Angst vor den Fremden an die christliche Pflicht der Gastfreundschaft und Nächstenliebe zu erinnern.

Das ist auch heute unser Weg: Auf der einen Seite die Ängste realistisch anzuschauen, die es gegenüber Fremden gibt, und sie durchaus ernst zu nehmen. Auf der anderen Seite sollten wir nicht einfach moralisierend die Gastfreundschaft einfordern. Denn mit schlechtem Gewissen kann man Menschen nicht dazu motivieren, gegenüber Fremden freundlich zu sein. Vielmehr ist es sinnvoll, an all die guten Erfahrungen zu erinnern, die Menschen und vor allem Christen mit der Gastfreundschaft gemacht haben. Am Ende waren die Gastgeber immer auch die Beschenkten. Die Gäste waren nie nur eine Belastung, sie waren immer auch eine Chance, Neues zu lernen, sich selbst besser kennenzulernen und den eigenen Horizont zu erweitern. Doch um diese positiven Erfahrungen machen zu können ist es notwendig, die eigenen Schattenseiten anzuschauen, die wir sonst gerne auf die Fremden projizieren. Es ist unsere Aufgabe, unsere eigene Identität klarer zu entfalten und aus dem Bewusstsein unserer eigenen gesunden Wurzeln offen und frei den Dialog mit den Fremden zu suchen. Dann wird dieser Dialog beide Seiten bereichern.

So wünsche ich den Lesern und Leserinnen, dass sie sich allen Gefühlen stellen, die im Zusammenhang mit den vielen Fremden in unserem Land in ihnen auftauchen. Niemand muss sich für seine Gefühle schämen. Sie dürfen alle sein. Doch wir sollten versuchen, wach auf diese Gefühle zu schauen, durch sie unsere eigenen Schattenseiten kennenzulernen und sie in unser Leben zu integrieren.

Ich wünsche Ihnen, liebe Leserin, lieber Leser, dass Sie durch den freien Umgang mit den eigenen Ängsten und Emotionen die Offenheit finden, mit den Fremden ins Gespräch zu kommen. Dann werden Sie sicher erleben dürfen, dass diese das Fremde, das Sie bisher verdrängt haben, ins Licht heben und Ihnen so einen Weg zeigen, wie Ihr Leben weiter, offener und menschlicher werden kann.

Literatur

Sabine Bode
Nachkriegskinder
Die 1950er Jahrgänge und ihre Soldatenväter
Stuttgart 2011

E. Fascher
Fremder
in: Reallexikon für Antike und Christentum (RAC),
Band 8, 306–347

Erich Gräßer
An die Hebräer III
Zürich 1997

Arno Gruen
Der Fremde in uns
München 2002

O. Hiltbrunner
Gastfreundschaft
in: Reallexikon für Antike und Christentum (RAC),
Band 8, 1061–1123

Georg Holzherr
Die Benediktsregel
Eine Anleitung zu christlichem Leben
Zürich 1980

Tahar Ben Jelloun
Papa, was ist ein Fremder?
Gespräch mit meiner Tochter
München 2000

Verena Kast
Der Schatten in uns
Die subversive Lebenskraft
Reinbek 2002

Michael Kraske
Frust in Aktivität umwandeln
in: Psychologie heute, 9/2016, 28–31

Michael Langer
Wir alle sind Fremde
Texte gegen Hass und Gewalt
Regensburg 1993

Ulrich Luz
Das Evangelium nach Matthäus (Matthäus 18–25) I/3
Zürich 1997

Hugo Rahner
Griechische Mythen in christlicher Deutung
Darmstadt 1957

Luise Reddemann
Jeder Mensch hat einen heilen Kern
in: Psychologie heute 2/2017, 58–62

Gustav Stählin
xenos
in: Theologisches Wörterbuch zum Neuen Testament (ThWNT),
Band V, Stuttgart 1954, 1–35

Elie Wiesel
Worte wie Licht in der Nacht
Freiburg im Breisgau 2017

ANSELM GRÜN
LEO STÖCKINGER

Brot
himmlisch irdisch

Vier-Türme-Verlag

Das spirituelle Geheimnis des Brotes

Anselm Grün, Leo Stöckinger

Brot –
himmlisch irdisch

136 Seiten, gebunden mit Schutzumschlag, 26,5 x 22,5 cm
mit zahlreichen Farbfotografien
ISBN 978-3-7365-0071-6

Seit Jahrtausendenden bildet Brot eines der Grundnahrungs-
mittel des Menschen. Nicht zuletzt beten wir im Vaterunser:
„… unser täglich Brot gib uns heute". Anselm Grün beschäftigt sich
zusammen mit Leo Stöckinger, dem Bäckermeister der Abtei Münsterschwarzach, mit den Geheimnissen dieses besonderen Lebens-
mittels. Dabei gehen beide sowohl auf die Herstellung – vom An-
bau des Getreides bis zum Backprozess- als auch auf die christliche
Symbolik und die Rolle des Brotes in den Schriften der Bibel ein.

Stimmungsvolle Fotos von Andrea Langenbacher sowie Rezepte
aus der Klosterbäckerei laden zu einem bewussten Umgang mit
Brot und zum Selberbacken ein.

Vier-Türme-Verlag, 97359 Münsterschwarzach
Tel. 09324 / 20 292 | info@vier-tuerme.de
www.vier-tuerme-verlag.de

ANSELM GRÜN

Achtsam sprechen –
kraftvoll
schweigen

FÜR
EINE NEUE
GESPRÄCHS-
KULTUR

Vier-Türme-Verlag

Die Kraft der Sprache entdecken

Anselm Grün

Achtsam sprechen – kraftvoll schweigen

Für eine neue Gesprächskultur

160 Seiten, gebunden mit Schutzumschlag, 14,5 x 22,0 cm
ISBN 978-3-89680-820-2

Von allen Seiten wird der allmähliche Verfall unserer Gesprächskultur beklagt. Anselm Grün setzt dem biblisch und psychologisch fundierte Überlegungen zum Thema Gespräch und Sprache entgegen.

Auch er stellt fest: Statt dem Gespräch hören wir heute viel Gerede, vor allem im öffentlichen Raum. Ausgangspunkt seiner Überlegungen ist die Achtsamkeit für die Sprache und eine hohe Sensibilität für die Macht und Wirkung von Worten. Daraus entwickelt er einen neuen Ansatz, um zum Gespräch zurückzukehren und selbst »Gespräch zu sein«.

»Wer etwas zu sagen hat, der muss ins Schweigen gehen. Im Schweigen kann er beurteilen, welche Worte es wert sind, gesagt zu werden«

Vier-Türme-Verlag, 97359 Münsterschwarzach
Tel. 09324 / 20 292 | info@vier-tuerme.de
www.vier-tuerme-verlag.de